尾瀬の里湯

老神片品11温泉

小暮　淳

上毛新聞社

トンネルを抜けると
そこは 尾瀬の湯源郷

老神

「セイヤー！　セイヤー！」
威勢のいいかけ声とともに、
大蛇みこしが温泉街をねり歩く。

その昔、赤城の神と日光の神が戦い、
傷を負い逃げ帰った赤城の神が、
この地で湯を見つけ、傷を癒やしたという。
伝説の湯は、今もこんこんと湧き続け、
勇壮な祭りとともに守り継がれている。

片品

尾瀬の雪どけ水を集めて、
とうとうと流れる片品川。

丸沼・武尊の大自然に囲まれた渓流沿いには、
とりどり10の温泉地が点在する。

その豊富な湯量と多彩な効能は、
スキーや登山など、
行楽やスポーツに訪れる人たちを
癒やしてきた。

【もくじ】*Contents*

老神温泉

尾瀬の里湯

老神片品11温泉

丸沼温泉

54 環湖荘

座禅温泉

52 シャレー丸沼

53 白根山荘

老神温泉

1 紫翠亭

2 吟松亭あわしま

3 観山荘

4 伍楼閣

5 金龍園

6 上田屋旅館

7 ホテル山口屋

8 山楽荘

9 楽善荘

10 牧水苑

11 旅館石亭

12 亀鶴旅館

13 仙　郷

14 東明館

15 東秀館

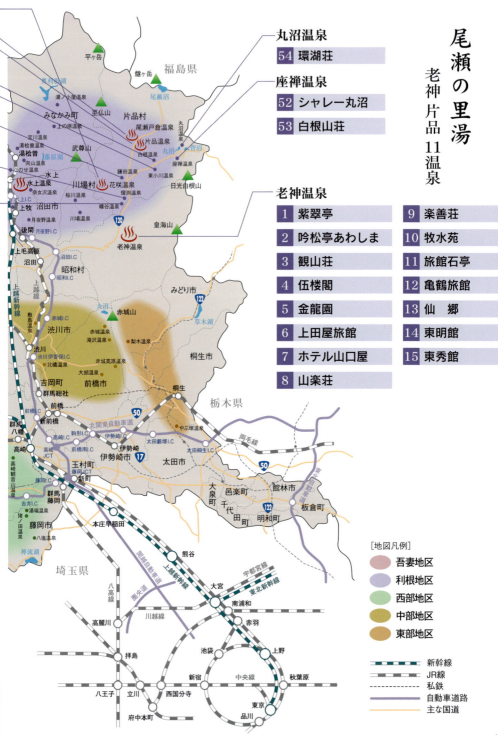

花咲温泉

- 19 民宿ほたか
- 20 ロッジ ホワイトハウス
- 21 ロッヂ 山喜荘
- 22 くつろぎの宿 金井
- 23 ペンション尾瀬ほたか
- 24 ペンション銀河

尾瀬戸倉温泉

- 39 旅館みゆき
- 40 旅館山びこ
- 41 ふじや旅館
- 42 ペンションゆきみち
- 43 冨士見旅館
- 44 旅館わかば
- 45 ロッジまつうら
- 46 ホテル玉城屋
- 47 温泉やど 四季亭
- 48 尾瀬の宿 いさ
- 49 マルイ旅館

片品温泉

- 27 よろづや
- 28 こしもと旅館
- 29 尾瀬山どん
- 30 子宝の湯 しおじり
- 31 旅館みさわ
- 32 湯元千代田館
- 33 みよしの旅館
- 34 旅館こばやし
- 35 さつき荘
- 36 旅館うめや
- 37 水芭蕉の宿 ひがし
- 38 尾瀬岩鞍リゾートホテル

鎌田温泉

- 25 梅田屋旅館
- 26 湯の宿 畔瀬

摺渕温泉

- 16 わたすげのゆ
- 17 山十旅館

幡谷温泉

- 18 ささの湯

東小川温泉

- 50 おおくら荘

白根温泉

- 51 加羅倉館

この本の 使い方

◎温泉地名を入れています。

◎写真は宿の特徴、環境、雰囲気、お湯の状況を重視して掲載しました。

◎話題性がある記事は囲みにしています。

◎源泉名、湧出量、泉温、泉質、効能、温泉の利用形態を明記しています。

◎地図は、温泉地概要ページで最寄駅または、最寄りのインターチェンジを紹介し、個々の宿のページにある地図は、温泉地内での宿の位置がわかるようになっています。

◎宿泊送迎ありの表記は、宿泊の方のみの送迎です。

◎宿泊料金は最低料金からの目安となっています。基本的に税別表記となっていますので、料金が変動する場合があります。

※効能区分は代表的な効能を取り上げており、各温泉施設により効能の詳細が違う場合もあります。ご利用の際は各宿にご確認ください。

※日帰り入浴の営業日・営業時間・料金などは、あらかじめ確認の上、ご利用ください。(宿の都合によりご利用になれない場合もあります)

※交通手段や時間はおよその目安です。また、掲載の地図はすべて略図ですので、正確な地図とは誤差があります。あらかじめご了承ください。

※この本の掲載内容は2015年4月現在のものです。

尾瀬の里湯

老神片品11温泉

見どころ

吹割の滝　ふきわれのたき

片品渓谷にある高さ7m、幅30mにおよぶ大スケールの滝で、「東洋のナイアガラ」と称され、新緑や紅葉の季節には、まさに芸術ともいえる絶景が楽しめる。老神温泉から近い景勝地で国の天然記念物に指定されている。

尾瀬ヶ原　おぜがはら

燧ヶ岳《ひうちがたけ》を望み、周囲約7kmの尾瀬沼を中心に木道が整備され、尾瀬の大自然を満喫できる。ミズバショウ、ニッコウキスゲ、リュウキンカ、ワタスゲなど高山植物の宝庫で、秋にはクサモミジが美しい。片品エリアの温泉をベースに、大勢のハイカーが訪れる。

吹割《ふきわれ》の滝

皮膚病に効く天下の名湯

「脚気《かっけ》川場に瘡《かさ》老神」と言われてきた。利根地方に伝わる温泉の効能である。川場温泉は椎坂峠の西、川場村にある。瘡とは皮膚病のことで、昔からおできや腫れ物に効き目があると言われ、湯治客でにぎわっていた。

温泉場は片品川沿いに細長く、「老神」「大楊《おおよう》」「穴原」の3地区にまたがり、昭和初期まではそれぞれ老神温泉、大楊温泉、穴原温泉と称していた。しかし昭和10（1935）年4月、3つの温泉地を統合して「老神温泉郷」として一本化し、老神温泉旅館組合を発足させた。これにより従来の湯治場から群馬を代表する大温泉地へと発展して行った。

昭和20年、老神温泉の湯が傷に効果があるとして傷病兵の治療にと、沼田陸軍病院老神分院の建設が計画されるが、準備中に終戦を迎えてしまう。しかし終戦当時は全国的に蔓延した伝染病の疥癬《かいせん》という皮膚病により、全国から患者が殺到。一躍、「瘡老神」の名は広まった。

現在、片品川の両岸に15軒の宿泊施設と1軒の日帰り入浴施設が点在する。

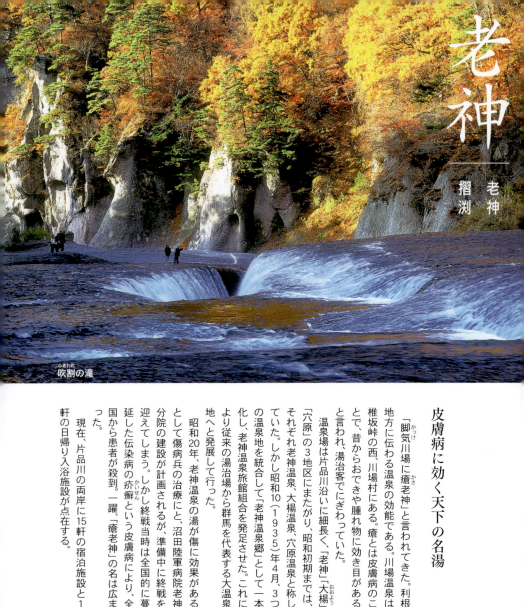

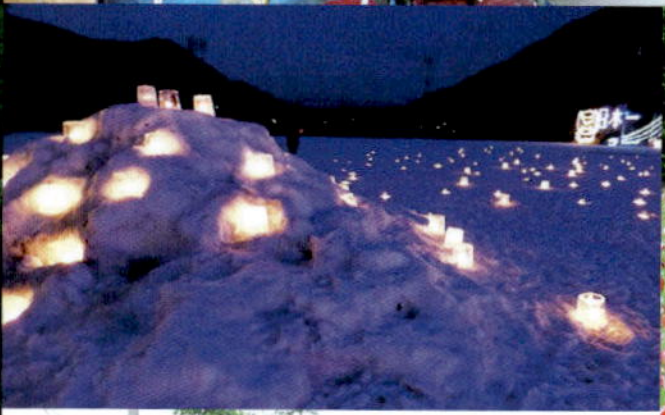

老神の湯を発見した大蛇

老神温泉の発見には、こんな伝説がある。

昔々、上野《こうずけ》の国の赤城山の神（ヘビ）と下野《しもつけ》の国の二荒山《ふたあらさん》（日光男体山）の神（ムカデ）が仲違いをし、共にゆずろうとはしなかった。争いは日増しにエスカレートし、多くの神々が2つに分かれて加勢し、激しい戦いが繰り返された。

あるとき、油断した赤城の神は敵の矢に当たり負傷してしまった。なんとか赤城山のふもとまで逃げ帰ることができたが、二荒の神の軍勢はすぐそこまで追いかけて来た。その時、傷ついた赤城の神が矢を抜き、地面に突き刺すと不思議なことに湯が湧き出した。この湯を浴びると、たちまち傷は治り、陣を建て直して二荒の軍勢を追い返したという。

神を追い返したことから「追い神」、それが転じて「老神」と呼ばれるようになったと伝わる。近隣には「追い返す」を意味する「追貝（おっかい）」や、「追い払う」を意味する「大原（おおはら）」などの地名が残っている。

老神温泉では湯を見つけてくれた赤城の神に感謝して、毎年5月に「大蛇まつり」が行われている。

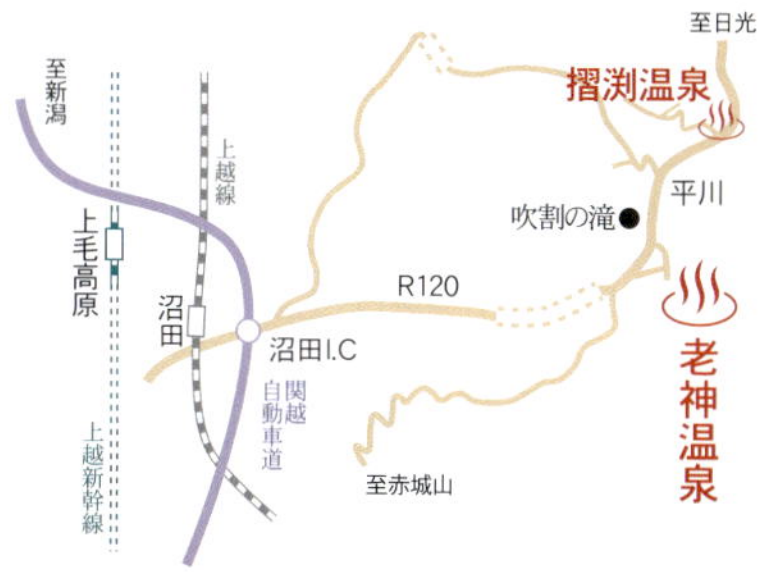

目の前の自家農園で朝摘みされる旬の野菜たち

◆老神《おいがみ》温泉「紫翠亭《しすいてい》」沼田市

国道から温泉郷の看板に誘導されて向かうと、最初に旅人を出迎えてくれる宿。それが「紫翠亭」だ。渓谷にそびえる大楊《おおよう》山の雄姿を借景に、白亜の外観が自然の中に調和していて美しい。

エントランスに立ち、振り返ると目の前に広がる花畑や田畑。なんとも牧歌的な風景に、ほっこりと旅装が解かれていく。

「宿の前の畑は、すべて自家農園です。トマトやキュウリ、ナス、トウモロコシなど旬の野菜を毎日朝摘みして、その日の食卓にお出ししています」と、予約係の林伯哉《のりや》さん。社内に農業部があり、専属の従業員が自然農法により栽培、収穫をしている。これ以上、新鮮な地産地消の食材はないだろう。

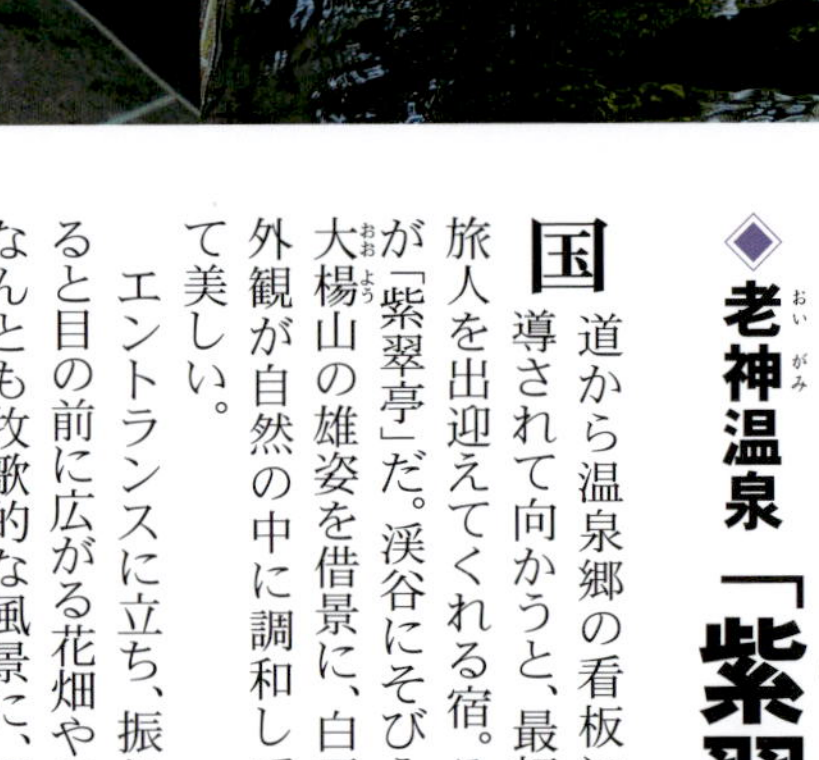

紫翠亭は平成7年に、明治創業の老舗旅館の姉妹館としてオープンした。折からの高級嗜《し》好《こう》ブームに乗って、一時は大変にぎわったという。しかしブームは去り、客層は本来の湯浴《あ》みを目的とした個人へと移行していった。そして、東日本を大震災が襲った。同23年3月、経

営が現在のオーナーへ交代し、新たな温泉宿として生まれ変わった。

「ええ、水上温泉の松乃井と同系列です。社長の意向で、こちらの宿も湯にこだわった“源泉湯の宿”として、温泉の質と豊富な湯量をメーンに打ち出しています。ですから純粋に湯を楽しみに来られるリピーターが多いんですよ」と案内された浴室は、男女別の内風呂と露天風呂、そして男女入れ替え制の露天風呂があるだけのシンプルな造り。それゆえ、湯を十二分に満喫できる。

温室のように光が燦々《さんさん》と降り注ぐ内風呂も開放的で良いが、庭園の中に身を沈める露天風呂からの眺めは絶景である。渓谷を渡ってくる緑の風に、しばし時を忘れて吹かれていた。

■源泉名：老神温泉　5号泉と10号泉の混合泉　■湧出量：測定せず（動力揚湯）　■泉温：47.1℃　■泉質：単純温泉　■効能：神経痛、筋肉痛、関節痛、五十肩、運動まひ、冷え性、疲労回復ほか　■温泉の利用形態：加水なし、季節により加温あり、完全放流式（露天風呂は循環ろ過式）

老神温泉　源泉湯の宿　紫翠亭

〒378-0322　群馬県沼田市利根町老神550
TEL.0278-56-4180　FAX.0278-56-4185
電車：JR上越線、沼田駅からバス（約30分）で「老神温泉」下車。徒歩約1分。※冬期は「大原老神入口」下車。徒歩約15分。
車：関越自動車道、沼田ICより約20分。

■客室：47部屋　■収容人数：220人　■内風呂：男1・女1　■露天風呂：男1・女1・入替1　■宿泊料金：1泊2食　15,000円～（税別）　■日帰り入浴：可

絶景露天風呂と旬の素材を味わう名物料理

◆老神《おいがみ》温泉 「吟《ぎん》松《しょう》亭《てい》 あわしま」 沼田市

ロビーで旅人を最初に出迎える大きな根コブ。幅約3メートル、高さ約2メートル50センチのクスノキの一刀彫である。

近くに寄って目を凝らして見れば、そこに彫られているのは馬、馬、馬……。その数ちょうど100頭！『群馬百頭』と名付けられた重要文化財？

「ええ、当館指定の重要文化財です(笑)。先代が惚《ほ》れ込んで、海外から船で運んできたものです」と支配人の佐藤好和さんが教えてくれた。かつて老神温泉で行われていた「十二支湯めぐり」でも、彫刻にあやかって「午の湯」を名乗っていたという。

創業は昭和35（1960）年4月、「あわしま荘」として開業。平成2年に増改築をして「吟松亭あわしま」が誕生した。現在では老神一の規模を誇る老舗旅館となった。

「昔と今では、確かにお客さまの層も目的も変わりました。でも私どものお客さまを迎える心は変わりません。『疲れを癒やしてほしい』『いい思い出をつくってほしい』というホスピタル精神での接客を心がけています」という2代目女将の桑原律子さん。清楚《せいそ》で凛《りん》としたいでたちに、老舗を守る志を感じる。

創業以来変わらぬ物に、名物の「山賊《さんぞく》鍋」がある。「昔、このあたりの農家では、山の物を集め

て囲炉裏の鍋で煮て、客をもてなしたそうです」。野菜、キノコ、豚肉、すいとんなど、地元で採れた山の幸を秘伝のみそ仕立てのスープで煮込む。これを、ゴマをすったすり鉢に取っていただく。

私は以前、食したことがあり、この日も「山賊鍋」を楽しみにやって来た。すぐに名物にありつきたいところだが、夕食まではまだ間がある。まずは、もう一つの名物、絶景露天風呂を堪能することにした。目の前に迫る大《おお》楊《よう》山《さん》、眼下に広がる老神渓谷。しばし豊かな自然の息吹を感じながら、至福のひとときを過ごした。

■源泉名:老神温泉　8号泉と10号泉の混合泉　■湧出量:測定せず(動力揚湯)　■泉温:47.1℃　■泉質:単純温泉　■効能:神経痛、筋肉痛、関節痛、肩こり、運動まひ、冷え性ほか　■温泉の利用形態:加水なし、季節により加温あり、完全放流式(露天風呂は循環ろ過式)

老神温泉　吟松亭あわしま

〒378-0322　群馬県沼田市利根町老神603
TEL.0278-56-2311　FAX.0278-56-2315
電車:上越新幹線、上毛高原からバス(約50分)またはJR上越線、沼田駅からバス(約30分)で「老神温泉」下車。徒歩約1分(冬期は「下街道」下車。宿泊送迎あり)。※上毛高原駅または沼田駅までの送迎あり(要予約)。
車:関越自動車道、沼田ICより約20分。

■客室:53部屋　■収容人数:280人　■内風呂:男1・女1
■露天風呂:男1・女1　■サウナ:男1・女1　■貸切風呂:2
■宿泊料金:1泊2食 12,000円～(税別)　■日帰り入浴:可

温泉街を見下ろし山々を見渡す展望露天風呂

◆老神《おいがみ》温泉「観《かん》山《ざん》荘《そう》」 沼田市

温泉街の中心、赤城神社が祀《まつ》られている小高い丘の急坂をひと上り。「観山荘」は、その名のとおり周囲の山々を見渡す絶景のロケーションに建っている。

昭和38（1963）年、温泉の権利を祖母が持っていたため、現主人の父母が創業した。高度成長期には、先代が団体客向けにイメージアップをはかり「老神観光ホテル」と改名。温泉街屈指の大型ホテルとして名をはせた時代があった。

2代目主人の萩原忠和さんが、大学院を卒業して旅館に戻ったのは昭和60（1985）年のこと。その後、バブルが崩壊。やがて全国の温泉地で大型旅館やホテルの倒産、廃業が相次ぐ時代が訪れた。

「平成になってからです。亡くなった祖母の顔がちらつくようになったんです。このままで良いのだろうかって……」

苦渋の末に出した選択は、屋号を創業当時の「観山荘」に戻すことと、祖母が志した本来の温泉旅館としての〝もてなしの心〟を取り戻すことだった。湯どころとしての歴史と伝統を重んじる宿、地元の食材を生かした素朴な田舎料理。「豪華さよりも真心で、お客さまを迎えたい」と言う。

平成18年、最上階の5階フロアを全面改装して「こだま亭」をオープン。露天風呂付き客室6室に展望貸切露天風呂の「月待ちの湯」と「山なみの湯」が併設されている。とりわけ屋上に造られた展望貸切露天風呂からの眺望は素晴らしい。掛け値なし！ 360度の絶景が広がる。

たぶん老神で一番高い所にある露天風呂だろう。温泉街を見下ろし、渓谷と周囲の山々を一望する。まさに〝観山〟の名に恥じない天空の湯浴《あ》みを満喫した。

■源泉名：老神温泉7号泉　■湧出量：測定せず（動力揚湯）　■泉温：59.1℃　■泉質：アルカリ性単純硫黄温泉　■効能：神神経痛、筋肉痛、関節痛、五十肩、打ち身、くじき、慢性消化器病ほか　■温泉の利用形態：加水なし、季節により加温あり、循環ろ過式

老神温泉　観山荘

〒378-0322　群馬県沼田市利根町老神612

TEL.0278-56-2323　FAX.0278-56-3450

電車：JR上越線、沼田駅からバス（約30分）で「老神温泉」下車。徒歩約1分。※冬期は「下街道」下車。宿泊送迎あり。

車：関越自動車道、沼田ICより約20分。

■客室：48部屋　■収容人数：200人　■内風呂：男1・女1　■露天風呂：男1・女1　■貸切露天風呂：2　■宿泊料金：1泊2食　12,000円〜（税別）　■日帰り入浴：可

片品渓谷を眺める野趣あふれる"五湯めぐり"

老神《おいがみ》温泉「伍《ご》楼《ろう》閣《かく》」沼田市

昭和60年代、全国の温泉地で露天風呂ブームが起きた。老神温泉は湯量が豊富で、景観美に恵まれていたため、それ以前から露天風呂を持つ宿が多かった。ちょうど12軒あったことから干《え》支《と》になぞって各湯に動物の名前を付け、「十二支の湯めぐり」がスタートした。折からのブームに乗って、大好評を博したという。ちなみに伍楼閣は「犬の湯」と呼ばれていた。

「温泉地が良かったのは、その頃まででですね。平成になりバブルがはじけ、その後はスキーやゴルフ客が激減して、かつてない暗黒の時代を迎えています」と、自嘲ぎみに話す2代目主人の金子千明さん。

宿の創業は昭和43(1968)年。大正時代から営業を続けていた老舗宿「上之湯元館」(廃業)で修業をした先代の隣一郎さんが、日光へ抜ける金精峠の開通を機に旅館を始めた。同52年、娘で女将の笑子さんと結婚した千明さんが同館に入り2代目を継いだ。

「まずは、ゆっくり湯に浸かってください。話の続きは夕食の後、ここでビールを飲みながらしませんか?」と言われ、ロビーを見渡すと隅のカウンターにビールサーバーが! お言葉に甘えて、そそくさと浴衣に着替えて、湯めぐりへと出かけることにした。

館内には5つの浴場がある。混浴露天風呂が2つ、男女別の内風呂が2つ、そして貸切露天風呂が1つ。混浴には女性時間があり、内風呂は時間により入れ替えとなるため、宿泊をすれば、名物の"五湯めぐり"を制覇することができる。

まずは、大小いくつもの浴槽が点在する混浴露天風呂の「岩鏡」と貸切露天風呂の「もみぢ谷」を満喫。その後、時間をおいて内風呂の「ひうちの湯」を堪能した。

湯は硫黄温泉と単純温泉の混合泉。浴槽により色も香りも異なり、飽きることがない。残りの2つは翌日の楽しみにして、その晩は主人との温泉話に酔いしれた。

■源泉名:源泉名:老神温泉　7号泉・若の湯3号の混合泉　■湧出量:測定せず(動力揚湯)　■泉温:48℃　■泉質:アルカリ性単純温泉　■効能:神経痛、筋肉痛、関節痛、五十肩、慢性消化器病、冷え性ほか　■温泉の利用形態:加水なし、季節により加温あり、放流・循環併用

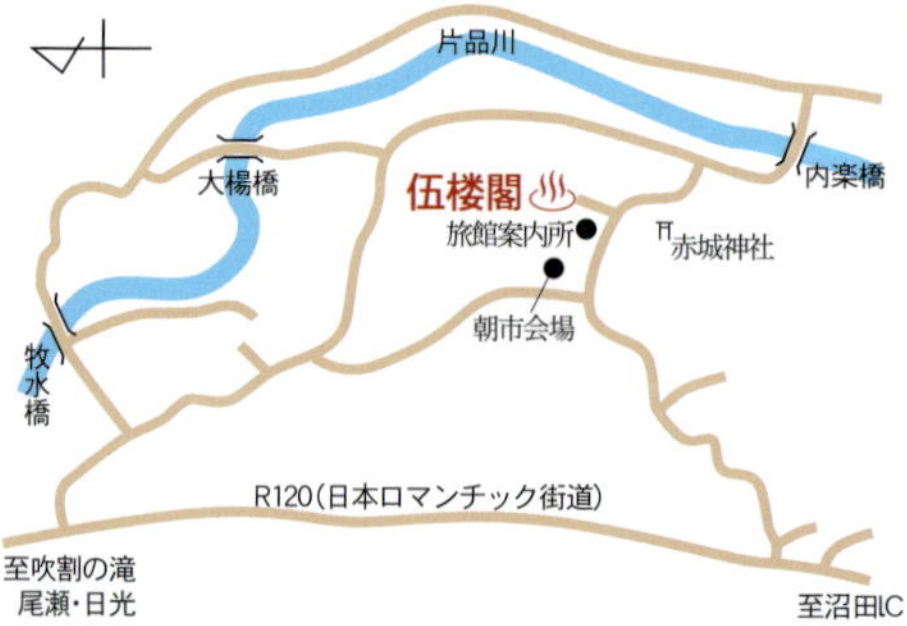

老神温泉　伍楼閣

〒378-0322　群馬県沼田市利根町老神602
TEL.0278-56-2555　FAX.0278-56-2269
電車:JR上越線、沼田駅からバス(約30分)で「老神温泉」下車。徒歩約2分。※冬期は「下街道」下車。宿泊送迎あり。
車:関越自動車道、沼田ICより約20分。
■客室:29部屋　■収容人数:88人　■内風呂:男1・女1(入替制)　■露天風呂:混浴2(女性時間あり)・貸切1・入替1　■宿泊料金:1泊2食 10,000円〜(税別)　■日帰り入浴:可

伍楼閣
山紫水明を窓にうつす
伍楼閣

名物
老神朝市
朝六時から七時半まで

2種類の泉質と混浴を堪能するかけ流し風呂

◆老神《おいがみ》温泉「金龍園《きんりゅうえん》」

沼田市

片品川に架かる赤い吊《つ》り橋、内楽橋のたもとに建つ和風旅館。全館畳敷きというのが、心地よい。玄関を上がり、素足になった途端に旅装が解かれていく。

創業は昭和45(1970)年。それ以前は戦前から商っていた「末広館」という老舗旅館があったが、廃業したため地主だった先代が「金龍園」を開業した。「先祖に『金平』という人がいて、母の名前が『たつ』だったので金龍です」。そう言って笑う2代目主人の小尾孝男さん。現在は3代目の和正さん夫婦とともに、家族で切り盛りをしている。

ひと風呂浴びようと、浴室へ行って驚いた。男湯がない！

女性専用の婦人風呂はあるものの、それ以外の大浴場も露天風呂も混浴である。聞けば「創業当時は、現在の婦人風呂しかなく、男女が兼用で使用していた」という。時代のニーズとともに浴槽の数は増やしたが、かたくなに"混浴"という温泉文化を守り継いできた。

大浴場の男性専用脱衣所には、〈淑女が入浴中は腰に巻いてお入りください〉との張り紙があり、入浴衣が置かれていた。心憎い配慮である。これならば女性も安心して混浴を楽しめるというものだ。

混浴の他に、もう一つ温泉ファンに人気の秘密がある。それは浴槽によって泉質の異なる源泉が注がれていること。大浴場と露天風呂はサラリとした癖のない単純温泉。婦人風呂と貸切露天風呂にはツルリとした浴感のアルカリ性の硫黄温泉。存分に湯くらべを楽しんだ。

夕げの食卓には上州牛や赤城豚、キノコ、山菜、豆腐、湯葉など、地物の食材をふんだんに使った山里の料理が並んだ。どれも湯上がりのビールとともに美味しくいただいたのだが、ことのほか地元産のこんにゃく玉から作った自家製こんにゃくのとろけるような味わいは絶品だった。またデザートの「こんにゃくのきなこ黒蜜添え」も新食感のスイーツである。

■源泉名：老神温泉 7号泉・8号泉と10号泉の混合泉
■湧出量：測定せず（動力揚湯）　■泉温：59.1℃、47.1℃　■泉質：アルカリ性単純硫黄温泉、単純温泉
■効能：慢性皮膚病、婦人病、冷え性、消化器病、切り傷、美肌効果ほか　■温泉の利用形態：加水なし、加温なし（露天風呂は季節により加温あり）、完全放流式

老神温泉　金龍園

〒378-0322　群馬県沼田市利根町老神592
TEL.0278-56-3021　FAX.0278-56-3022
電車：上越新幹線、上毛高原駅からバス（約50分）またはJR上越線、沼田駅からバス（約30分）で「老神温泉」下車。徒歩約5分。※冬期は「下街道」下車。宿泊送迎あり。
車：関越自動車道、沼田ICより約20分。
■客室：14部屋　■収容人数：50人　■内風呂：女1・混浴1
■露天風呂：混浴1・貸切1　■宿泊料金：1泊2食　8,000円～（税別）素泊まり 4,000円～（税別）■日帰り入浴：可

純粋に湯を浴み湯を愛でる
昔ながらの温泉宿

◆老神温泉《おいがみおんせん》「上田屋旅館《うえだやりょかん》」 沼田市

客室わずか14室。風呂は内風呂が男女1つずつと貸し切りの露天風呂があるだけ。外観からしてシンプルだ。いわゆる昔ながらの温泉旅館のたたずまいを見せている。

　創業大正8(1919)年と歴史は古い。老神温泉に現存する旅館の中では、間違いなく老舗である。しかも温泉街の一等地で、創業時と場所も同じ。昔も今も変わらないもてなしに、遠方より常連客が足しげく通って来る。

「あの頃は一晩中、この前の道を下駄の音が鳴り響いていました。思えば、おかしな時代でしたね。今来てくださるお客さまは、本当に温泉が好きな方たちです。本来の温泉地の姿にもどったんだと思いますよ」と話す3代目女将の小尾好子さん。祖父が開業した、ここ上田屋に生まれ育った。

「団体客が大勢やって来て、連日、ドンチャン騒ぎの宴会でした。温泉に入らずに帰ってしまう人もたくさんいました」と笑う。女将が旅館に入った昭和50年代のことである。「宿屋は宿屋の心を忘れずに原点にもどる」これがモットーだ。時代に関係なく、ホスピタリティーの精神を貫いている。

　群馬県の「地産地消推進店」に認定されている。地元で収穫した米をはじめ、山菜やキノコ、川魚といった山と里の幸に徹した素朴な味が常連客に定評がある。もちろん、源泉かけ流しの自慢の湯こそが、約100年の歴史を持つ老舗宿の人気を支えてきた。

　浴室の扉を開けると、プーンと蒸された空気とともに温泉臭が漂ってきた。吹割風呂と名付けられた岩風呂は、その名のとおり国の天然記念物および名勝に指定されている「吹割《ふきわれ》の滝」を模して造られている。片品川の清流のように澄んだ湯が、澱《よど》みなくサラサラと流れていた。

　純粋に湯を浴《あ》み、湯を愛《め》でることができる県内でも数少ない温泉宿である。

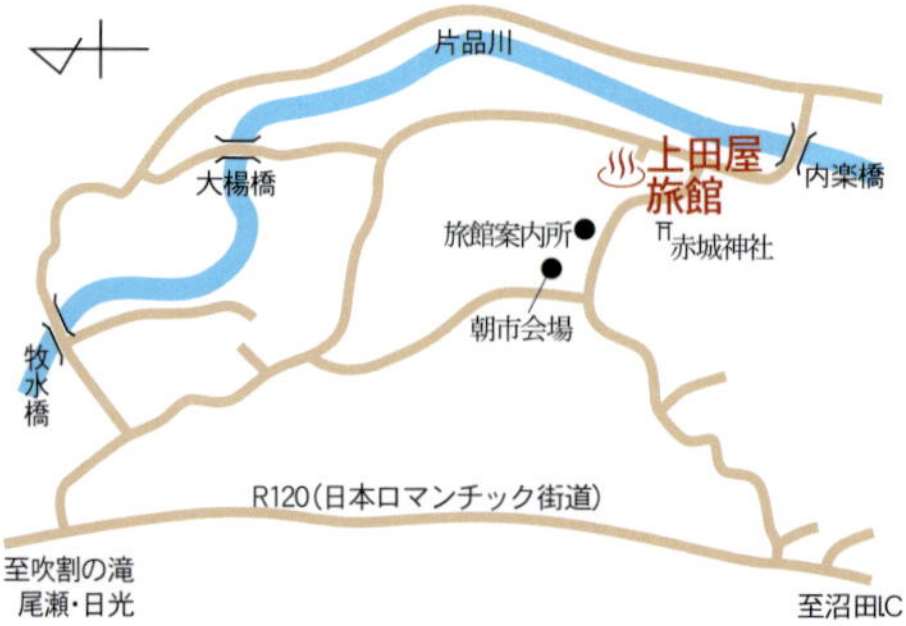

■源泉名:老神温泉　8号泉・10号泉の混合泉　■湧出量:測定せず(動力揚湯)　■泉温:47.1℃　■泉質:単純温泉　■効能:神経痛、筋肉痛、関節痛、五十肩、うちみ、くじき、冷え性ほか　■温泉の利用形態:加水なし、加温なし、完全放流式

老神温泉　上田屋旅館

〒378-0322　群馬県沼田市利根町老神596
TEL.0278-56-3211　FAX.0278-56-3212
電車:JR上越線、沼田駅からバス(約30分)で「老神温泉」下車。徒歩約5分。※冬期は「下街道」下車。宿泊送迎あり。
車:関越自動車道、沼田ICより約20分。
■客室:14部屋　■収容人数:55人　■内風呂:男1・女1　■露天風呂:貸切1(冬期閉鎖)　■宿泊料金:1泊2食10,000円～(税別)　■日帰り入浴:可

20
HOTEL

HOTEL

随一の絶景露天風呂と人気の日帰りプラン

◆老神《おいがみ》温泉「ホテル山口《やまぐち》屋《や》」沼田市

「おおーっ」と思わず、湯舟の中で声を上げてしまった。内風呂から屋外に足を踏み入れた瞬間、視界全面に飛び込んでくる緑の山肌。眼下には、葉漏れ日のように渓流の瀬波がきらめいている。老神温泉随一の絶景との呼び声が高い露天風呂のことだけはある。ヒノキ造りの浴槽の縁に頭をのせながら、天空の湯浴《あ》みを楽しんでいた。

創業は明治20（1887）年。山口屋のはじまりには、こんな物語が残されている。沼田藩主の伊賀守信利が貨殖を好み藩政が振るわなかったため、老神村の名主・山口六郎右衛門は圧政に苦しむ村民を救おうと立ち上がり、直訴におもむいた。しかし、その帰り道に内部の裏切り者のため、討たれることになる。山口家滅亡を逃れるため、村の人たちが娘を隣村にかくまい、沼田藩の藩政が鎮まってから老神に戻り、山口家を継承。湯治宿として暮らしを始め、のちに旅館を開業したと伝わる。

「主人で7代目となります。私が嫁いできた昭和60年代はツアーや社員旅行の団体客で連日にぎわっていましたが、今はまったく客層が変わりました」と話す女将の山口淳子さん。カップルや老夫婦、家族連れなど個人で温泉旅行を楽しむ客がほとんどだと言う。

そんな多様化する個人客のニーズに合わせた「日帰りプラン」が人気だ。チェックインは午後3時、チェックアウトは午後9時。この間、入浴と個室の利用が自由にできて、夕食も付いている。もちろん料金は宿泊するより安く設定されている。

「ペットを飼っていたり、親の介護や商売などのさまざまな都合で外泊ができない方が、ご利用になられています」とのこと。歴史の古い宿ほど、時代の流れには敏感に対応している。

■源泉名：5号泉と10号泉の混合泉　■湧出量：測定せず（動力揚湯）　■泉温：47.1℃　■泉質：単純温泉　■効能：神経痛、関節痛、筋肉痛、五十肩、冷え性、慢性消化器病、疲労回復ほか　■温泉の利用形態：加水なし、季節により加温あり、循環ろ過式

老神温泉　ホテル山口屋

〒378-0322　群馬県沼田市利根町老神585
TEL.0278-56-3333　FAX.0278-56-3610
電車：JR上越線、沼田駅からバス（約30分）で「老神温泉」下車。徒歩約5分。※冬期は「下街道」下車。宿泊送迎あり。
車：関越自動車道、沼田ICより約20分。
■客室：24部屋　■収容人数：65人　■内風呂：男1・女1　■露天風呂：男1・女1　■宿泊料金：1泊2食　10,000円～（税別）　■日帰り入浴：可

2つの宿が合体！ 2種類の源泉と湯めぐり

◆老神《おいがみ》温泉「山《さん》楽《らく》荘《そう》」 沼田市

近代的なホテルと純和風の旅館が並んでいる。以前は別々の宿だったが平成18年に伊東園ホテルグループに経営が交代し、2つの宿が渡り廊下でつながり1軒の新しい温泉宿が誕生した。

フロントのある旧山楽荘は、昭和40（1965）年創業の中堅ホテル。現在、別館となっている旧漏田《もりた》館は明治33（1900）年創業の老舗旅館だった。共に別々の源泉を使用していたため、現在もそのままの浴槽に注がれている。これにより1軒で2軒分の湯が楽しめる夢のようなコラボが実現した。

チェックインを済ませ、部屋で浴衣に着替えて、さっそく"湯くらべ"の館内探検へ出かけることにした。

かつて老神温泉には「幸せと長寿を呼ぶ十二支の湯」という12軒の宿の露天風呂をめぐるイベントが行われたことがあった。本館の旧山楽荘は「申《さる》の湯」と呼ばれ、8号泉と10号泉の混合泉が給湯されている。サラリとした癖のない単純温泉で湯もややぬるめだ。すんなり入れるので、一番湯にふさわしい。

渡り廊下で別館へ。旧漏田館は「卯《うさぎ》の湯」と呼ばれていたため、可愛いウサギのイラストが浴室の前で出迎えてくれた。こちらの源泉は6号泉。泉質は本館

と同じ単純温泉だが、湯の色もにおいも異なる。硫黄成分が多いようで、ほのかな温泉臭があり、うっすらと白濁している。内風呂は、あつ湯とぬる湯に分かれていて、昔ながらの湯治場風情をとどめている。

露天風呂は"老神イチの大野天風呂"とうたっているだけあり、とにかく大きい。さながら池のよう。なのに惜しみなく湯が注がれ、ザバザバとかけ流されていく。純粋に温泉を楽しみたい人には、手頃な料金で泊まれる宿なので評判が良い。

もちろん湯上がりには、お待ちかねの食べ放題&飲み放題のバイキング料理が待っていた。

■源泉名:老神温泉　6号泉・8号泉と10号泉の混合泉　■湧出量:測定せず(動力揚湯)　■泉温:43.2℃、45.4℃　■泉質:単純温泉　■効能:神経痛、関節痛、筋肉痛、五十肩、冷え性、慢性消化器病ほか　■温泉の利用形態:加水なし、季節により加温あり、完全放流式・循環ろ過式

老神温泉　伊東園ホテル老神　山楽荘

〒378-0322　群馬県沼田市利根町老神583
TEL.0278-56-2511　FAX.0278-56-2515
電車:JR上越線、沼田駅からバス(約30分)で「老神温泉」下車。徒歩約5分(冬期は「下街道」下車)。※沼田駅への宿泊送迎あり(要予約)。
車:関越自動車道、沼田ICより約20分。

■客室:70部屋　■収容人数:256人　■内風呂:男2・女2
■露天風呂:男1・女1・入替1　■宿泊料金:1泊2食 6,800円～(税別)
■日帰り入浴:可

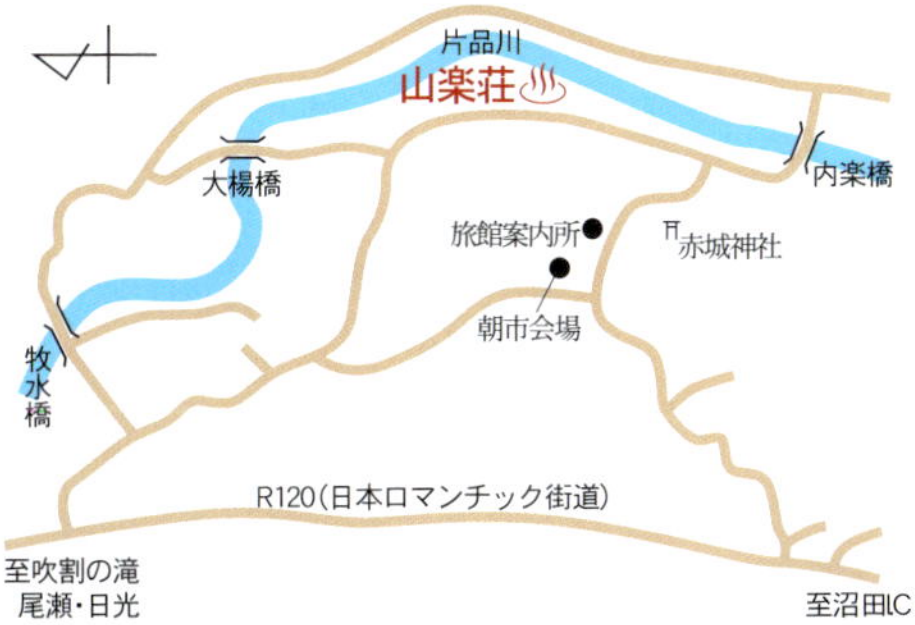

女将が惚れ込んだ"病を捨てる神の霊泉"

◆老《おい》神《がみ》温泉「楽《らく》善《ぜん》荘《そう》」 沼田市

温泉街の細い道を走り、駐車場に着くと最初に目に飛び込んできた「おみやげ」の看板。旅館に併設された売店だが、歴史はここから始まった。

「うちは明治時代から商いを続けているたばこ屋なんです。現在はご覧のとおりの土産物屋ですが、地元の人は今でも『たばこや』って昔の屋号で呼びますよ」と3代目主人の桑原公美さん。店内に飾られた昔の看板には、確かに「たばこや商店」と書かれていた。

旅館は昭和40（1965）年に先代が始めた。この年は老神温泉にとって、大きな出来事が2つも起きた年だった。9月に片品川下流に薗原ダムが完成し、10月には沼田市から栃木県日光市を結ぶ国道120号が全線開通。折からの観光ブームに乗って老神温泉にも観光客が押し寄せ、旅館や飲食店が急増した頃である。

「たばこ屋をやっていた祖父が楽吉、親父が善三郎。2人の名前から一文字ずつとって『楽善荘』なんさね」と笑う。主人は地元の高校を卒業後、東京のホテル学校に学び、同45年から宿を継いだ。女将の照子さんは隣村の出身。同57年に結婚と同時に旅館に入った。以来30余年間、苦楽を共にしながら二人三脚で宿を切り盛りしてきた。

「私は昔から温泉が大好きだったんです。その大好きな温泉に毎日入れるだけで、結婚して良かったと思いますよ。ここの湯の良さは、入っていただければ分かりますから。さあ、どうぞ」と女将に案内され、いよいよ湯をいただくことに。

〈つらければ、尋ねて来てみてよ、老神の病を捨てる神の霊泉〉と詠まれるほど、昔から皮膚病に効果があるといわれている名湯である。女将も元々はアレルギー体質だったが、嫁いできてからは温泉のおかげで症状が軽くなったという。

湯はやわらかく、無色透明でサラリとした浴感。皮膚が過敏な人や赤ちゃんでも肌に負担が少ないため、長く浸かっていられる。

■源泉名：源泉名：老神温泉　8号泉・10号泉の混合泉　■湧出量：測定せず（動力揚湯）　■泉温：47.1℃　■泉質：単純温泉　■効能：乾燥性皮膚炎（アトピー）、慢性関節リウマチ、筋肉痛、関節痛、神経痛ほか　■温泉の利用形態：加水なし、加温なし、完全放流式

老神温泉　湯元 楽善荘

〒378-0322　群馬県沼田市利根町老神598
TEL.0278-56-2521　FAX.0278-56-2520
電車：JR上越線、沼田駅からバス（約40分）で「老神温泉」下車。徒歩約5分。※冬期は「下街道」下車。宿泊送迎あり。
車：関越自動車道、沼田ICより約20分。
■客室：16部屋　■収容人数：68人　■内風呂：男1・女1　■宿泊料金：素泊まり　1名 4,800円〜　2名 4,300円〜（税別）　■日帰り入浴：可

全品500円で販売するリサイクルルーム

古代ヒノキの湯に浸かり 偉大なる歌人をしのぶ

◆老神《おいがみ》温泉「牧《ぼく》水《すい》苑《えん》」沼田市

「老神温泉に着いた時は夜に入っていた。途中で用意した蝋燭《ろうそく》をてんでに点《とも》して本道から温泉宿のあるという川端の方へ急な坂を降りて行った。宿に入って湯を訊くと、少し離れていてお気の毒ですが、と言いながら背の高い老爺《ろうや》が提灯を持って先に立った。」

（『みなかみ紀行』大正13年）

大正11（1922）年10月25日、歌人の若山牧水は老神温泉を訪れている。「この時、牧水を案内した〝背の高い老爺〟というのが、旅館を経営していた私の曾祖父でした」と、女将の桑原球《たまき》さん。当時、数軒の宿があったが、どの旅館も内湯はなく、湯治客は片品川の河原にある野天風呂に入ったという。

女将の実家は昭和35（1960）年創業の「あわしま荘」（現・吟松亭あわしま）。高校卒業後に旅館に入り、母のもとで若女将として修業した。結婚後、同57年に主人の朝吉さんと「牧水苑」を開業。旅館名は歌人にち

なんで命名した。ロビーには牧水の掛け軸や写真、関連書籍などの資料が展示されている。
　私が牧水苑を訪ねるのは、今回が3度目である。あいさつもそこそこに、通された客室で旅装を解くと、タオルを片手に浴室へと向かった。
　ここの名物は男女共に重厚なヒノキを敷き詰めた「古代総檜《ひのき》風呂」。古代ヒノキとは地殻変動や地震などで生木のまま倒木し、何百年と眠り続けた樹齢２０００年を数えるヒノキのこと。古木から抽出される精油には血行や新陳代謝を促進し、神経を休める森林浴同様の効果があるという。
　弱アルカリ性のやわらかい湯に包まれながら、旅と酒をこよなく愛した偉大なる歌人へ思いをはせた。今宵は我も歌人にあやかり、早々に湯から上がって酒を愛することにした。

■源泉名：老神温泉　8号泉・10号泉の混合泉　■湧出量：測定せず（動力揚湯）　■泉温：47.1℃　■泉質：単純温泉　■効能：神経痛、筋肉痛、関節痛、リウマチ、慢性皮膚病、アトピー性皮膚炎ほか　■温泉の利用形態：加水なし、加温あり、完全放流式

老神温泉　白壁の宿　牧水苑

〒378-0322　群馬県沼田市利根町老神531-1
TEL.0278-56-2632　FAX.0278-56-2634
電車：JR上越線、沼田駅からバス（約30分）で「東老神」下車。徒歩約1分。※冬期は「下街道」下車。宿泊送迎あり。
車：関越自動車道、沼田ICより約20分。

■客室：15部屋　■収容人数：65人　■内風呂：男1・女1
■露天風呂：男1・女1　■宿泊料金：1泊2食　12,000円～（税別）

長期滞在の常連客が通う 昔ながらの湯治宿

◆老神《おいがみ》温泉「旅館《りょかん》 石亭《せきてい》」 沼田市

温泉街のはずれに、こぢんまりとたたずんでいた。看板には「薬師の湯　湯元」と書かれている。昔ながらの湯治宿なのだろう。玄関脇には薬師様を祀《まつ》った石祠《せきし》がある。

「先代が川原に流れ着いた祠《ほこら》を見つけて、薬師の湯にちなんで祀ったものです。お寺で調べてもらったら約３５０年前に彫られたものらしいですよ」と、２代目主人の中村守さん。平成元年に義父である故・西山茂さんの後を継いだ。

創業は昭和41（１９６６）年。地元で石屋を営んでいた先代が旅館を始めた。それゆえ贅《ぜい》を尽くした浴室は、当時「宝石風呂」と呼ばれ人気を博したという。メノウや水晶を埋め込んだ壁面は、半世紀の時を経た今でも色あせることなく、鮮やかに彩られている。

引き湯されている温泉は２種類。自家源泉の「薬師の湯」は癖のない単純温泉であることからシャワーに、硫黄泉の「７号泉」は浴槽に注ぎ込まれている。浴室のドアを開けると同時に、かすかに漂う硫化水素臭が温泉好きにはたまらない。

源泉の温度は約60度。夏のこの時期は、やや熱めだ。それでも加水をせずに生のままの源泉を存分にかけ流している。長期滞在する常連客たちは、このありのままの湯を求めて年に何度も足を運んで来るという。

「冬場は窓の開閉だけで温度を下げることができるが、夏場は難しい。注ぎ込む量を絞り込み過ぎると湯がにごってしまいます。キレイな湯に入ってほしいから、いつも新鮮な湯を注ぎ入れています」と、湯守《ゆもり》としての一面を見せる主人。「熱かったら水で薄めていいから」と笑った。

言葉に甘えて最初だけ水を入れてみたが、すぐに蛇口を締めた。もったいない。せっかくの生温泉である。腰から胸、胸から肩へと少しずつ体を沈めた。スーッと全身に染み渡る湯の存在感を存分に味わった。

■源泉名：老神温泉　薬師の湯・7号泉　■湧出量：測定せず（動力揚湯）　■泉温：27℃、59.1℃　■泉質：単純温泉、アルカリ性単純硫黄温泉　■効能：神経痛、筋肉痛、関節痛、五十肩、運動まひ、切り傷、慢性消化器病ほか　■温泉の利用形態：加水なし、加温なし（冬期はあり）、完全放流式

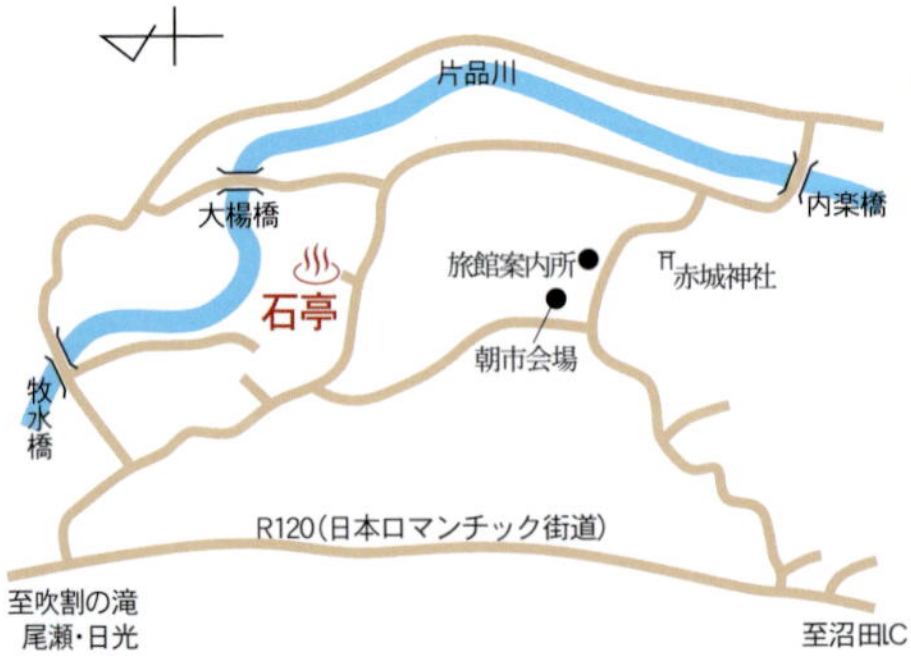

老神温泉 薬師の湯 湯元 旅館石亭

〒378-0304　群馬県沼田市利根町老神568
TEL.0278-56-2145　FAX.0278-56-2172
電車：JR上越線、沼田駅からバス（約30分）で「東老神」下車。徒歩約5分、※冬期は「下街道」下車。宿泊送迎あり。
車：関越自動車道、沼田ICより約20分。
■客室：10部屋　■収容人数：40人　■内風呂：男1・女1　■宿泊料金：1泊2食　8,000円～（税別）　素泊まり3,500円～（税別）※湯治料金あり　■日帰り入浴：可

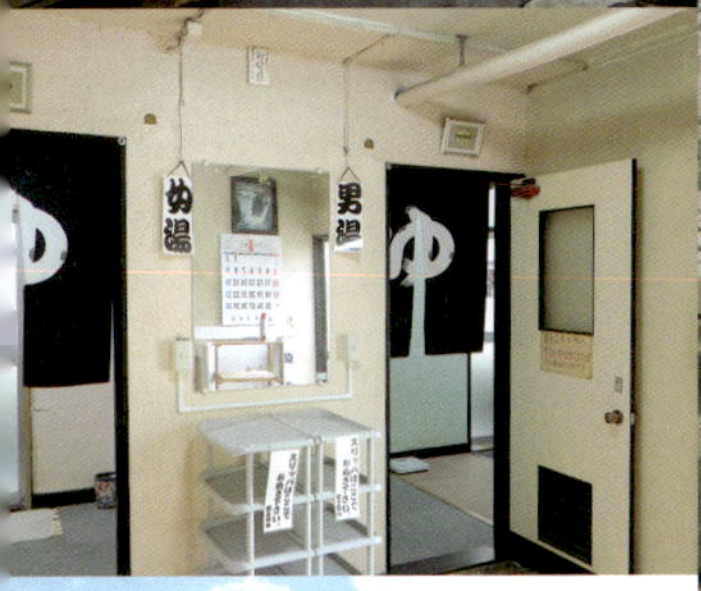
女湯
男湯

山の宿
亀鶴旅館

元気いっぱいの女将の笑顔にほっこり癒やされる

◆老神《おいがみ》温泉「亀《き》鶴《かく》旅《りょ》館《かん》」沼田市

湯が良いかどうかは、宿の前に立ってみれば分かるものである。決して華美な外観ではないが、奇をてらわず、昔ながらの風情でひっそりとたたずんでいるところがいい。看板に「親戚つきあいできる」と書かれている。そして玄関に掛かる暖簾《のれん》には「ゆっくり休まっしゃい」の文字……。それだけで、ほっこりと旅装が解かれるというものだ。

「民宿のような旅館を目指しているんですよ」と満面の笑みで迎えてくれた2代女将の清水奈美さん。15年前に嫁ぎ、先代夫婦亡き後は、厨房に入る主人の透さんと2人で切り盛りをしている。「見ての通りの古い旅館ですから、うちは安さとアイデアで勝負しています」と

スキー客や登山客のために早朝5時からの朝食プラン、夜8時以降でも泊まれる深夜到着プラン、ふたたび下山後に無料で入浴できるサービスなどを提供。アットホームな宿ならではのもてなしに、常宿としているリピーターが多い。

もちろん常連客の目当ては安さに加えて、極上の湯にある。源泉の温度は約60度と高いが、加水することなく惜しげなくかけ流されている。ゆえに湯は熱めだ。そんな時のために〝湯もみ板〟が用意されている。♪老神よいとこ、一度はおいで♪なんて歌いながら湯をもんでやれば、じきに肩まで沈めるようになった。硫黄の香りと白い湯の花が漂う、サラリとしたやさしい湯である。

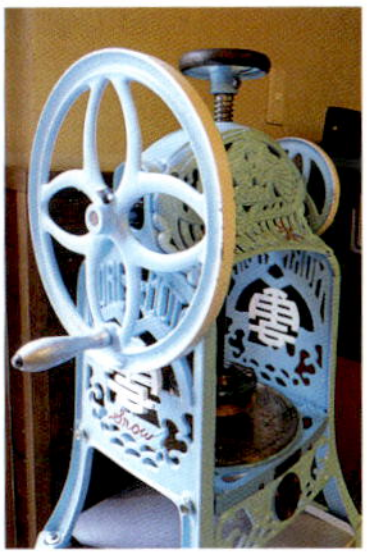

湯上がりのビールとともにいただいた料理も、すべて主人と女将の手作り。煮物や酢の物、すいとんなど、山の幸をふんだんに使った素朴な味わいに、またまた心がほっこりとなごむ。極めつけは名物の「鮎《あゆ》めし」。釜飯の上に丸々一匹乗ったアユを、ほぐして、混ぜながら食す。これを目当てに通う常連客がいるというのも、うなずける一品だ。

■源泉名：老神温泉　7号泉　■湧出量：測定せず（動力揚湯）　■泉温：59.1℃　■泉質：アルカリ性単純硫黄温泉　■効能：慢神経痛、筋肉痛、関節痛、五十肩、関節のこわばり、慢性消化器病ほか　■温泉の利用形態：加水なし、加温なし、完全放流式

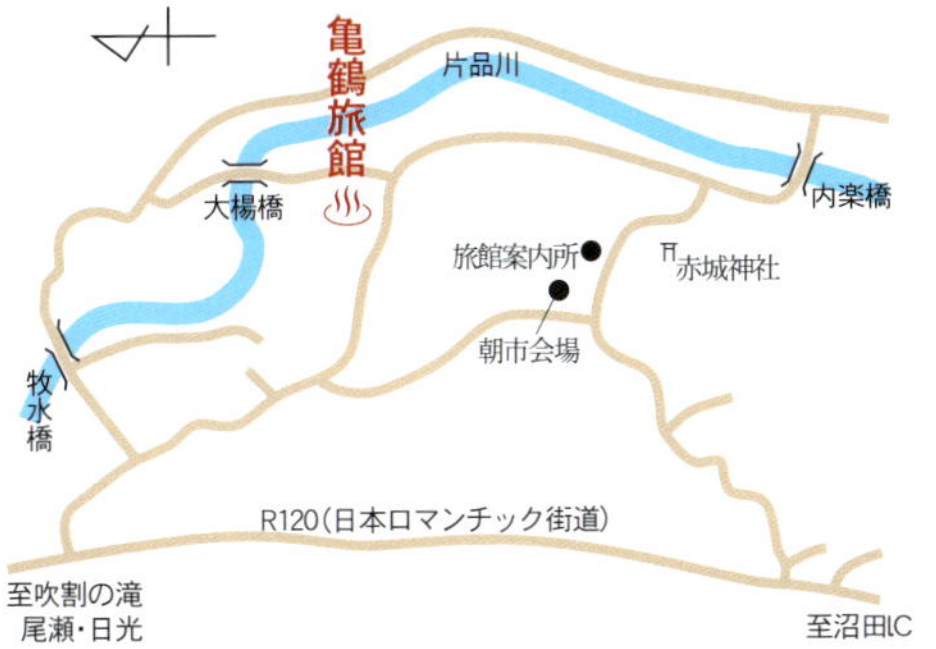

老神温泉　山の宿　亀鶴旅館

〒378-0322　群馬県沼田市利根町老神575-2
TEL.0278-56-3051　FAX.0278-56-2968
電車：JR上越線、沼田駅からバス（約30分）で「東老神」下車。徒歩約5分。※冬期は「下街道」下車。宿泊送迎あり。
車：関越自動車道、沼田ICより約20分。
■客室：5部屋　■収容人数：20人　■内風呂：男1・女1
■宿泊料金：1泊2食　7,300円～（税別）　素泊まり朝食付き 4,700円～（税別）　■日帰り入浴：可

渓谷と温泉街を見下ろす浮世を離れた別天地

◆老神《おいがみ》温泉「仙郷《せんきょう》」沼田市

〈仙境尾瀬沼　花の原〉

宿名を耳にしたとき、真っ先に思い浮かべたのは『上毛かるた』の「せ」の読み札だった。尾瀬の玄関口にある温泉地らしいネーミングだと……。ところが3代目主人の金子充さんによれば、「ここが浮世を離れた別天地に思えたから」とのことだ。

　標高634メートル。ちょうど東京スカイツリーと同じ高さに位置する。温泉街から離れた片品川対岸の高台に、一軒宿のようにポツンとたたずんでいる。ロビーや客室からの眺望は素晴らしく、渓谷沿いの温泉街と田畑が箱庭のように見下ろすことができる。主人の言うとおり、まさに"仙郷の地"を感じた。

　創業は昭和6（1931）年。初代が木造3階建ての旅館「初音屋」を温泉街の中心で開業した。同44年、先代の義父が2代目を継ぎ、鉄筋6階建てのホテル「ニューオイガミ」としてリニューアルオープン。女将と結婚した金子さんが宿を継いだのは同56年のこと。名前も「ニュー老神」と漢字表記にした。老神温泉全体が、活気に満ちた全盛期を迎えていた。

　しかし昭和から平成へ時代が変わり、温泉地へ訪れる客も

団体から個人へと変わった。「もう、あんなお祭り騒ぎのような時代は終わった。これからは湯と時間をゆっくりと味わいに温泉地へ人はやって来る」と、平成10年に移転して「仙郷」をオープンした。現在は、娘夫婦が4代目を継いでいる。

数寄屋造りの館内は、どこも木のぬくもりと花の香りに包まれている。部屋で浴衣に着替えて、階下の浴室へ。石造りの「右弦の湯」とヒノキ造りの「左弦の湯」は、時間で男女が入れ替えになる。

湯はアルカリ性単純硫黄温泉と単純温泉の混合泉。肌触りがやわらかく、ツルンとした浴感が心地よい。露天風呂からは木々の間に渓流を望むことができ、涼やかな川音がＢＧＭとなって届いてくる。

■源泉名：老神温泉　7号泉・観音薬湯　■湧出量：測定せず（動力揚湯）　■泉温：59.1℃、25.4℃　■泉質：アルカリ性単純硫黄温泉、単純温泉　■効能：神経痛、筋肉痛、関節痛、五十肩、うちみ、慢性皮膚病、慢性婦人病ほか　■温泉の利用形態：加水なし、加温あり、循環ろ過式

老神温泉　仙郷

〒378-0304　群馬県沼田市利根町大楊2-1
TEL.0278-56-2601　FAX.0278-56-2605
電車：JR上越線、沼田駅からバス（約30分）で「下街道」下車。宿泊送迎あり。
車：関越自動車道、沼田ICより約20分。

■客室：20部屋　■収容人数：80人　■内風呂：男1・女1　■露天風呂：男1・女1　■宿泊料金：1泊2食　20,000円～（税別）

シンプルながら温泉好きを魅了する極上の湯

老神《おいがみ》温泉「東明館《とうめいかん》」

沼田市

温泉街を抜けて片品川に架かる橋を渡ると、地名が変わる。ここ大楊《おおよう》地区は、その昔「大楊温泉」と呼ばれていた。昭和10（1935）年、老神温泉旅館組合の発足を機に「老神温泉郷」として売り出すことになり、現在では総称して老神温泉と呼ばれている。

創業は昭和5年。群馬県内では珍しい弱アルカリ性の硫黄泉が湧く自家源泉を保有する老舗宿として、80年以上の歴史を刻んできた。平成22年に経営者は交代したが、湯量豊富な源泉は今も守り継がれている。

首都圏を中心に約70店舗のチェーンを展開するレストラン「ぎょうざの満洲」。まず最初に「なぜ群馬県に店舗のないレストランが、温泉旅館を？」という素朴な疑問を投げかけてみた。

「ええ、うちの会長が老神温泉の出身なんです。子どもの頃から、ここの湯の素晴らしさを知っていて、ぜひ残したいという熱い思いがあったようです」と社員の湯沢博貴さん。全国でも温泉旅館に併設された店舗は、ここだけだという。

2階がレストラン、フロントと客室、1階が浴室と客室、3階が客室というシンプルな造り。それゆえ完全なる"泊食分離"の

料金システムをとっている。「素泊まり」と「1泊朝食付き」のみ。夕食や昼食は、レストランで好きなメニューを注文して別会計となる。もちろん、日帰り入浴客や他の旅館の宿泊客も自由に利用することができる。

浴室は男女別の内風呂と露天風呂が1つずつ。こちらも、とてもシンプルな造りだ。源泉を注ぎ込む湯口と、湯があふれ出る湯尻の位置が明確で、惜しみなくかけ流されている湯の様子が一目で分かる。浴槽内は湯口側の温度が高く、湯尻側へ行くほど低くなる。新鮮かつ湯量がないと造れない、理想的な構造である。

ほのかに漂う硫黄の香り、淡く白濁した湯。温泉好きにはたまらない、極上の湯浴《あ》みを満喫した。

■源泉名：老神温泉　3号泉　■湧出量：125ℓ／分（動力揚湯）　■泉温：55.6℃　■泉質：単純硫黄温泉　■効能：慢性皮膚病、慢性婦人病、切り傷、糖尿病、神経痛、筋肉痛、関節痛ほか　■温泉の利用形態：加水なし、加温なし、完全放流式

老神温泉　ぎょうざの満洲　東明館

〒378-0304　群馬県沼田市利根町大楊1519-2
TEL.0278-56-2641　FAX.0278-56-2643
電車：JR上越線、沼田駅からバス（約30分）で「老神温泉」下車。徒歩約5分。※冬期は「下街道」下車。徒歩約30分。（下街道までの送迎有。要予約）
車：関越自動車道、沼田ICより約20分。

■客室：20部屋　■収容人数：70人　■内風呂：男1・女1
■露天風呂：男1・女1　■宿泊料金：素泊まり　5,100円（税込）
1泊朝食付き 5,900円（税込）　■日帰り入浴：可

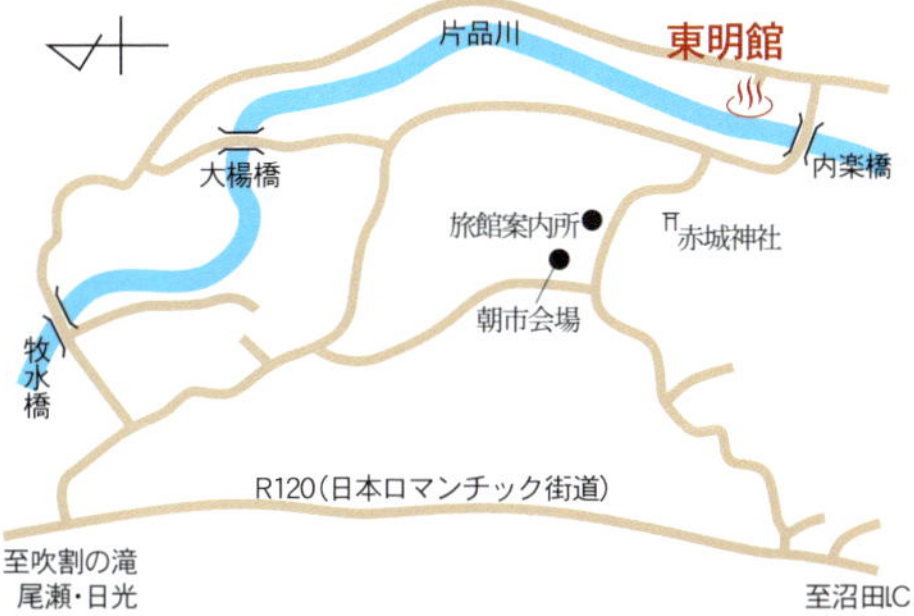

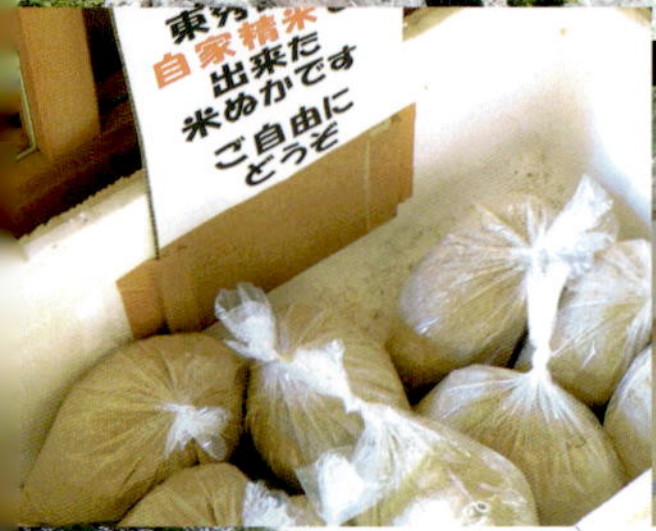
自家精米
出来た
米ぬかです
ご自由に
どうぞ

東秀館
東秀館
東秀館

歴史と効能ある穴原の湯を守り続ける老舗宿

◆老神《おいがみ》温泉「東秀《とうしゅう》館《かん》」沼田市

「直系の経営では、うちが一番古い宿になってしまいました」と、4代目主人の小林利之さん。老神温泉には明治時代から営業を続けていた旅館が4軒あったが、うち2軒は廃業。1軒は経営者が交代してしまった。唯一、明治27（1894）年創業の東秀館だけが、今も一族が直系で守り継いでいる。

ここ片品川対岸の穴原《あなばら》地区には、古くから湯が湧いていた。120年前のこと。村は大火に見舞われ、壊滅の危機に瀕していた。その時、再建の手助けにと源泉を買い上げ、宿屋を開業したのが小林さんの曾祖父だった。

「創業時は東泉館という名だったと聞いています。曾祖父には子どもがおらず、養女に迎えた私の祖母の名前が『ひで』だったので、その後、東秀館に改名したようです」

昭和10（1935）年、老神温泉旅館組合が発足。これを機に、穴原温泉も老神温泉郷として、小さな湯治場から群馬を代表する大温泉地の仲間入りをするようになった。時代は変わり温泉街も変わったが、"穴原の湯"と呼ばれる源泉だけは、昔も今も変わらずに多くの温泉ファンらに愛され続けている。

「本当に不思議な湯なんですよ」という自家源泉には、"温泉が固まる"という珍しい現象が見られる。湯舟の表面に半透明の膜が張り、その膜はちょうどナタデココのように弾力がある。「指で押し切ろうとしてもなかなか切れないほど」に丈夫だ。それほど成分が濃いということだろう。

さっそく湯を堪能しに浴室へ。プ〜ンと硫黄のにおいが漂ってきた。現在の泉質はアルカリ性単純温泉とのことだが、館内に掲示されている昭和初期の成分表を見ると硫化水素泉とある。硫黄成分が多いことが分かる。

残念ながら"温泉の固まり"は現れていなかったが、肌ざわりの良い極上の湯浴《あ》みを楽しむことができた。昔から皮膚病に特効があると言われ、飲めば胃腸にも効くという。注ぎ込む湯をコップで一杯いただくと、ゆで玉子のような香りがして、いかにも効きそうだった。

■源泉名：老神温泉　1号泉　■湧出量：85ℓ／分（動力揚湯）　■泉温：50.7℃　■泉質：アルカリ性単純温泉　■効能：リウマチ、神経痛、筋肉痛、慢性皮膚炎、慢性消化器病、慢性便秘ほか　■温泉の利用形態：加水なし、加温なし、完全放流式

老神温泉　東秀館

〒378-0322　群馬県沼田市利根町穴原1151
TEL.0278-56-3024　FAX.0278-56-3026
電車：JR上越線、沼田駅からバス（約30分）で「老神温泉」下車。徒歩約10分。宿泊送迎あり。※冬期は「下街道」下車。
車：関越自動車道、沼田ICより約20分。
■客室：22部屋　■収容人数：99人　■内風呂：男3・女3　■露天風呂：男1・女1　■宿泊料金：1泊2食　10,000円〜（税別）　■日帰り入浴：可

品高原産の
青首大根

岩魚と手打そば
わたすげのゆ

わたすげの
ゆ

食せて浴せて休めて泊まれる山のドライブイン

◆摺渕《すりぶち》温泉「わたすげのゆ」沼田市

もちろん、そこにレストランがあることも、入浴施設が併設されていることも知っていた。尾瀬や日光へと続く国道120号沿い、沼田市と片品村との市村境に「水芭蕉」と「わたすげのゆ」はある。

ただ温泉地とは”宿泊施設のある温泉“という定義のもとに取材活動を続けていたので、立ち寄ったことはあっても取材で訪れたことはなかった。ところが今回、宿泊もできる温泉施設であることを知り、改めて訪ねてみた。

「私が店を継いだのは平成15年からです。その後、お客さまからの要望もあり仮眠や宿泊のできる温泉施設にしました」と、2代目主人の小林敬一さん。店の創業は昭和54(1979)年、父の三造さんが、ここよりも日光寄りの東小川という場所で食堂「水芭蕉」を開業した。5年後に現在地に移転し、店舗を拡張。平成9年の増築を機に、片品川対岸に湧く源泉を引き湯して立ち寄り入浴施設「わたすげのゆ」をオープンした。

「簡易宿泊ができるようにしたのは、ドライバーの皆さんに安全運転をして旅行やレジャーを楽しんでほしいからです。飲酒運転や寝不足の運転、交通渋滞を避けられるよう、本当の意味での”ドライブイン“を目指しています」

浴室へ続く階段廊下の途中に休憩所と仮眠室があり、覗《のぞ》き込むと大部屋の中にズラリと簡易ベッドが並んでいた。若い頃、アジアを旅した際によく利用していたドミトリーを思い出した。安全運転を願う、主人のドライバーへの愛情を感じる空間である。

入浴後、レストランにて山のごちそうをいただいた。イワナは調理する直前まで敷地内の生け簀《す》で育てているというだけあって、刺身もたたきも、新鮮でプリプリの食感！　地場産のマイタケも、天ぷらとホイル焼きで食したが、肉厚でシコシコの歯応えが美味！

最後は同店人気ナンバーワンの手打ち十割そばをいただいた。生地を重ねずそのまま切る昔ながらの「裁《た》ちそば」という技法を用いているため、十割なのにツルツルとした滑らかな喉ごしを楽しめた。

自家農園で栽培されている新鮮な朝摘み野菜をまるかじり！手作りみそとマヨネーズで、さっぱりと旬の味をいただける(夏限定)。

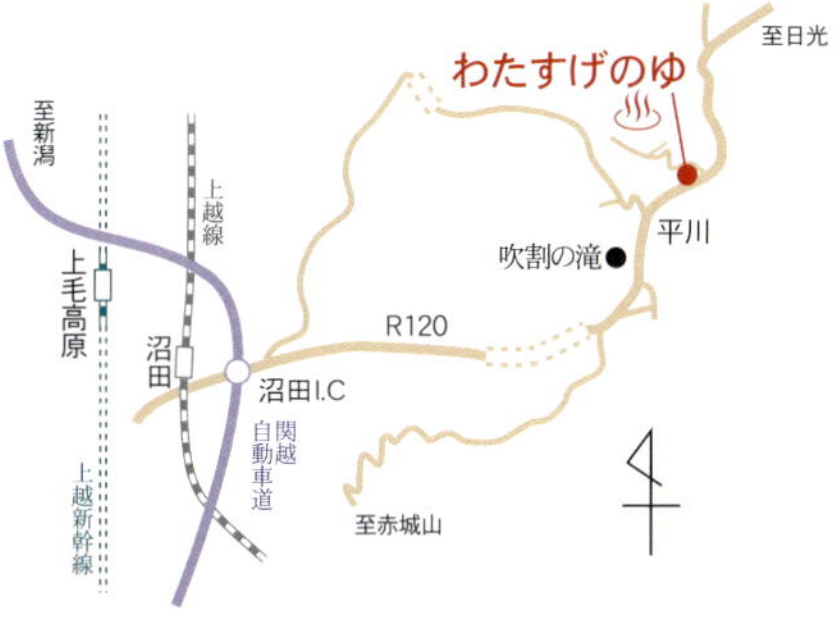

■源泉名：摺渕温泉　正亨の湯　■湧出量：700ℓ／分(動力揚湯)　■泉温：37.2℃　■泉質：アルカリ性単純温泉　■効能：神経痛、筋肉痛、関節痛、五十肩、運動まひ、くじき、打ち身ほか　■温泉の利用形態：加水なし、加温あり、循環ろ過式

摺渕温泉　わたすげのゆ　水芭蕉

〒378-0301　群馬県沼田市利根町平川1514-1
TEL&FAX.0278-56-3456
電車：JR上越線、沼田駅からバス(約35分)で「立沢下」下車。すぐ前。
車：関越自動車道、沼田ICより約30分。

■客室：1(大部屋)　■収容人数：20人　■内風呂：男1・女1　■露天風呂：男1・女1　■足湯：1(無料)　■宿泊料金：素泊まり2,900円(税込)　1泊朝食付き 3,500円(税込)　■日帰り入浴：可

片品

はるかなる尾瀬の郷

♪夏が来れば思い出す　はるかな尾瀬　遠い空
「夏の思い出」は昭和24（1949）年にNHKラジオ歌謡として全国に放送され、以来、日本人の心の歌として広く世代を超えて親しまれてきた。

　その雄大かつ繊細な自然が残ることで知られる尾瀬は、群馬・福島・新潟の3県にまたがる日本を代表する高層湿原。高山・亜高山・低山の動植物が同時に生息する貴重な自然の宝庫であることから、平成19（2007）に日光国立公園から分離独立して、「尾瀬国立公園」として指定された。特別天然記念物、ラムサール条約湿地にも登録されている。また平成20年には「尾瀬の郷片品湧水群」が、環境省により「平成の名水百選」に認定されている。

　4月下旬から山小屋がオープンし、5月中旬からはミズバショウが最盛期を迎え、7月にはニッコウキスゲが咲き誇り、大勢のハイカーたちでにぎわう。10月の紅葉の時期を迎えると足早に冬が訪れ、ふたたび尾瀬は長い眠りに入る。

個性豊かな片品10湯

　片品村は群馬県の東北に位置し、高山植物と湿原で多くのハイカーを魅了する尾瀬をはじめ、日本百名山の至仏山《しぶつさん》、日光白根山、武尊山《ほたかさん》などの山岳景観や丸沼、菅沼などの湖水美に恵まれた風光明媚な地。また数多くの温泉が湧く"いで湯の郷"と

しても知られている。

村内には大小10の温泉地（宿泊施設のある温泉）が点在し、いずれも豊富な湯量と多彩な効能で、訪れる人たちを癒やしている。スキーや登山、ハイキング、キャンプなどアウトドアレジャーや四季折々の行楽スポットとしても人気が高く、湯めぐりを楽しみに訪れる観光客も多い。

肌触りの良い滑らかな湯が湧く「尾瀬戸倉温泉」、開湯100年の歴史ある古湯「片品温泉」、神秘的な湖畔にたたずむ一軒宿「丸沼温泉」、日光白根山のふもとに湧く「座禅温泉」、豊富な湯量が自慢の「白根温泉」、国道沿いの静かないで湯「東小川温泉」、片品村の中央に位置する「鎌田温泉」、山間の高台に建つ一軒宿「摺渕温泉」、効能豊かな秘湯「幡谷温泉」、武尊山麓に湧く高原リゾート「花咲温泉」。個性豊かな"片品10湯"を堪能あれ。

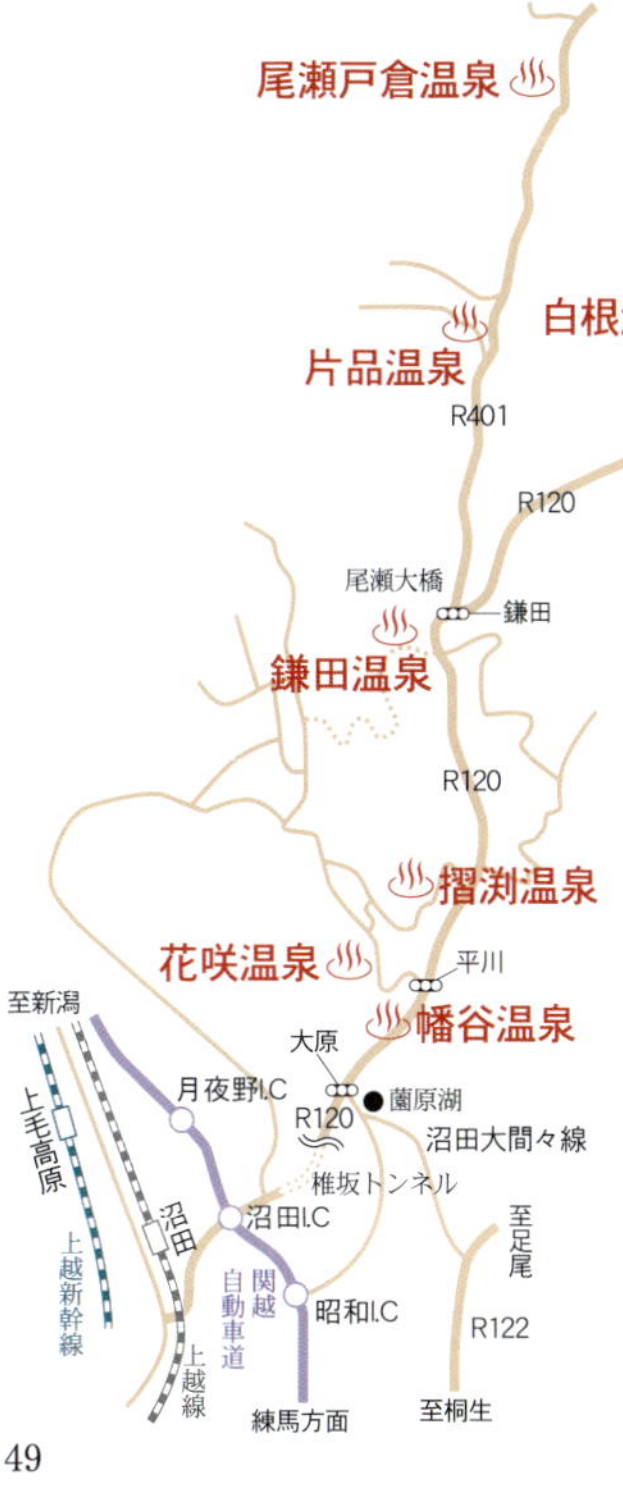

自家農園で採れた里山料理が並ぶ地産地食の宿

◆摺《すり》渕《ぶち》温泉「山《やま》十《じゅう》旅《りょ》館《かん》」片品村

幾度となく訪ねている宿だ。

雪におおわれた冬の景色も風情があって良いが、見渡す限り連なる青い山々を眺める真夏の高原も雄大で良い。汗を拭きながら坂道を上ると、2代目主人の篠原徹則さんと息子の利一君が、ちょうど犬の散歩から戻ったところだった。

以前、泊まった晩に食した野菜をふんだんに使った山里料理の味が忘れられない。肉と魚以外は、すべて自家農園で栽培しているという。ならば「ぜひ、畑に連れていってほしい」という私の我がままを快く受け入れてくれた。

大葉、インゲン、ネギ、ピーマン、ナス、トマト、キュウリ、トウモロコシ……。ビニールハウスと路地栽培の畑には、ざっと数えただけでも10種類以上もの野菜が育っていた。

篠原さん一家は、かつて八ッ《やん》場《ば》ダムの水没予定地、長野原町川原畑で農業をしながら民宿を営んでいた。ダム問題に翻弄《ほんろう》されながら、さまざまな再建策を模索した末、ここ片品村への移住を決め、平成16年に旅館を開業した。

「もともと百姓育ちだからね。今でもできる限りの物は手作りしている」と、地産地食にこだわっている。宿に隣接した畑のほか、離れた場所で米とリンゴも栽培している。シーズンには、畑や田んぼでの農業体験やリンゴ狩りもできる。

下界に比べたら涼しいが、それでも炎天下にいたら、たっぷりと汗をかいた。またわがままを言って、ひと風呂浴びさせてもらうことにした。

泉質はアルカリ性単純温泉。「美肌の湯」とうたわれているだけあり、肌にまとわりつくような浴感が特徴だ。湯の中で体をさすると、まるでローションを塗ったようにツルツルと手がすべる。

特筆すべきは、この温泉が全客室の風呂にも引かれているということ。眺望を楽しみながら、ゆったりと湯に浸かることができる。温泉好きには、たまらない宿である。

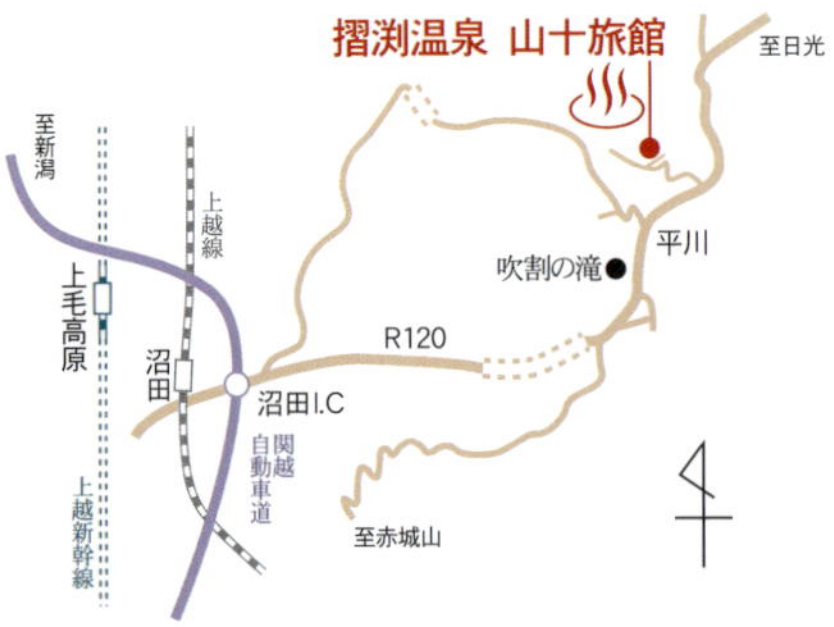

■源泉名：摺渕温泉　正亨の湯　■湧出量：700ℓ／分（動力揚湯）■泉温：39℃　■泉質：アルカリ性単純温泉　■効能：神経痛、関節痛、五十肩、痔疾、冷え性、疲労回復、病後回復期ほか　■温泉の利用形態：加水なし、加温あり、放流一部循環併用

摺渕温泉　山十旅館

〒378-0406　群馬県利根郡片品村摺渕279-3
TEL & FAX.0278-58-2668
電車：JR上越線、沼田駅または上越新幹線、上毛高原駅下車。宿泊送迎あり。
車：関越自動車道、沼田ICより約30分。
■客室：5部屋　■収容人数：20人　■内風呂：男1・女1　■露天風呂：男1・女1　■宿泊料金：1泊2食　6,850円～（税別）　素泊まり 4,350円～（税別）

平成の世に湧いた傷や痛みを治す知られざる名湯

◆幡谷《はたや》温泉「ささの湯《ゆ》」 片品村

国道120号を日光方面へ向かい、「平川」の信号を川場村方面へ左折する。片品川を渡ると、道は大きくカーブする。看板は出ているが、運転に気を取られていると見過ごしてしまうかもしれない。

宿は赤い瓦屋根を乗せた民家風。目の前には片品川の支流、塗川《ぬりがわ》が流れ、ぐるりと四方を山々に囲まれていて、秘湯の宿にたどり着いた気分になった。

開湯は平成9年と新しい。しかし、この湯には、こんな逸話が残されている。

昭和の終わり頃のこと。猟師だった先代が山で熊と格闘して大ケガをした。やっとの思いで家に帰り着いたが、傷はひどく痛みがいつまでも続いた。ある日、自分の畑の土手から湧く水を持ち帰り沸かして入ったところ、ヌルヌルとして温泉に入っているような気分になった。これを毎日繰り返したところ痛みがとれて、傷跡も治ったという。

後に温泉を掘削して宿を開業すると、全国から噂を聞きつ

けて入浴客がやってきた。「手術の傷跡が治った」「リウマチの痛みがとれた」など、感謝の言葉が寄せられるようになった。

泉質は無色透明のアルカリ性単純温泉。トロンとした肌に張り付くような浴感は、実に滑らかだ。それだけで美肌効果があることがわかる。何よりも浴槽の縁全体からザバザバと滝のようにあふれ出ている湯量に驚かされる。毎分260リットルという豊富な湯を、たった一軒で使い切っているとは、なんと贅沢《ぜいたく》なことだろう。

露天風呂の大きさにも驚かされる。湯は内風呂に比べるとややぬるめだが、そのぶん長湯ができて良い。渓流のせせらぐ音や鳥のさえずり、風のささやきを聴きながら、極上の湯浴《あ》みを満喫した。

■源泉名：幡谷温泉　ささの湯　■湧出量：260ℓ／分（動力揚湯）　■泉温：43℃　■泉質：アルカリ性単純温泉　■効能：神経痛、筋肉痛、関節痛、五十肩、運動まひ、くじき、打ち身ほか　■温泉の利用形態：加水なし、加温なし、完全放流式

幡谷温泉　ささの湯

〒378-0407　群馬県利根郡片品村幡谷535
TEL & FAX.0278-58-3630
電車：JR上越線、沼田駅からバス（約40分）で「武尊口」下車。徒歩約8分。
車：関越自動車道、沼田ICより約30分。

■客室：5部屋　■収容人数：20人　■内風呂：男1・女1
■露天風呂：男1・女1（4月～11月）　■宿泊料金：1泊2食7,000円～（税別）　■日帰り入浴：可（12月～3月、木曜休み）

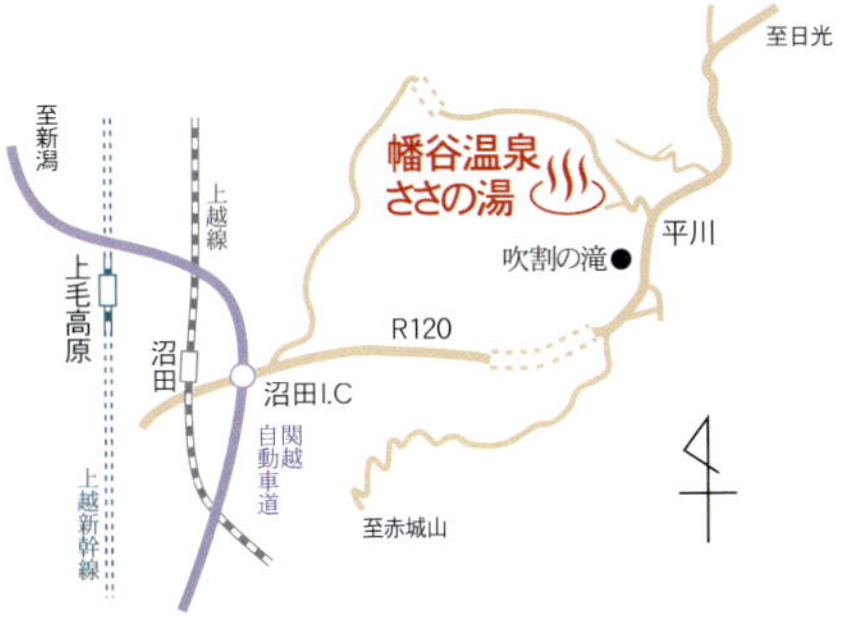

チロリン
花咲温泉へ
天然温泉

30年以上も愛され続けてきた青梅の思い出

◆花咲《はなさく》温泉「民宿《みんしゅく》ほたか」片品村

左に曲がるカーブの角に、大きな看板が立っている。

〈チロリン　花咲温泉へ〉。

チロリンとは、片品村花咲地区の別名「チロリン村」のこと。平成5年に温泉が湧くまでは、武尊《ほたか》山麓の高原をリゾート地として売り出すために、そう呼ばれていた。

「どうしても冬のスキーだけでは魅力に欠けるので、チロリン村の13軒の宿で協力して温泉を掘ったんだよ。今の人たちはスポーツだけでなく、温泉も目当てにやって来るからね」と2代目主人の佐藤佐次郎さん。「民宿ほたか」は、この看板の真ん前に建つ、花咲温泉で最初に旅人を出迎える温泉宿である。

「どうぞ、お口に合いますかどうか」と女将の志げ子さんがお茶請けにすすめてくれたのは、青々とした大きな梅だった。赤い梅干しなら珍しくないが、青梅の漬物はあまり見かけない。30年以上も前から毎年漬けているという。「合宿している学生たちが朝出かけるときに、『ほら、頑張っておいで！』って、1つずつ口に放り込んでやるんだよ。夏バテ防止にもなるしね」と言って、豪快に笑った。

私もご相伴にあずかって、大きな梅を一口いただいた。カリッ、カリカリと小気味よい音を立てて、口の中いっぱいに甘酸っぱい汁が満たされた。うまい！　この味が恋しくて、30年前に合宿に来ていた子どもたちが大人になってから訪ねて来るというのも納得できる。

冬はスキー、春と秋は登山、夏はスポーツ合宿や体験学習に都会から家族連れや学生たちがやって来る。魚のつかみ捕りや農業体験はご主人の担当、うどん打ちやこんにゃく作りの指導は女将さんが行う。小さな民宿ならではの、心温まるもてなしがうれしい。

■源泉名：花咲温泉　花咲の湯　■湧出量：229ℓ／分（動力揚湯）　■泉温：43.5℃　■泉質：アルカリ性単純温泉　■効能：神経痛、筋肉痛、関節痛、五十肩、冷え性、疲労回復ほか　■温泉の利用形態：加水なし、季節により加温あり、放流・循環併用

花咲温泉　民宿ほたか

〒378-0408　群馬県利根郡片品村花咲724-5
TEL & FAX.0278-58-2284
電車：JR沼田駅からバス（約50分）で「武尊口」下車。宿泊送迎あり。
車：関越自動車道、沼田ICより約40分。
■客室：5部屋　■収容人数：20人　■内風呂：男1・女1　■宿泊料金：1泊2食 6,500円～（税別）

主人が炭を焼く 山里料理と スポーツ合宿の宿

◆花《はな》咲《さく》温泉「ロッジ ホワイトハウス」片品村

国道から離れ、クネクネと山道を行く。このまま県道を進めば、峠を越えて川場村へ抜ける。目指す宿は、さらに県道から離れ、スキー場方面へ右折。やがて前方に「日本百名山」の一座、武尊《ほたか》山《さん》の雄姿が見えると白亜の建物が現れた。

「どこかの国の大統領官邸みたいな名前だけどさ、そんなつもりで付けたんじゃないよ。ただ単に白い家だからさ」。そう言って豪快に笑った主人の星野芳造さん。もともとは、この地で農家と製材業を営んでいた。

昭和39（1964）年、東京オリンピック開催の年。ほたかオリンピアスキー場（現在は廃業）のオープンを機に、周辺の農家は民宿やペンション経営へと転業した。「うちは、だいぶ後発だったんだよ」というホワイトハウスの開業は昭和63年のこと。世の中はバブルの波に酔いしれていた。

「冬はスキー、春から秋は野球やテニスの合宿で、一年中にぎやかだったよ」と述懐する。現在は一時のブームはないにしろ、それでも毎年スキーを楽しむ家族連れやサッカー少年たちが合宿にやって来る。

平成5年に湧いた温泉は、サラリとしてクセのないアルカリ性単純温泉。小さいながらも清潔感が漂うタイル張りの浴槽には、惜しみなく湯がかけ流されていた。スポーツでたっぷりと汗をかいた少年たちが、喜々としながら湯を浴《あ》んでいる姿が目に浮かんできた。

湯上がりに、主人が「アユの甘露煮」を出してくれた。この日、自らが焼いた炭を使って、コトコトと何時間も煮込んだのだという。甘辛いアユを頬張りながら、窓の外の去りゆく高原の夏を眺めていた。

■源泉名：花咲温泉　花咲の湯　■湧出量：229ℓ／分（動力揚湯）　■泉温：43.5℃　■泉質：アルカリ性単純温泉　■効能：神経痛、関節痛、筋肉痛、冷え性、打ち身、慢性疲労、腰痛ほか　■温泉の利用形態：加水なし、加温なし、完全放流

花咲温泉　ロッジ ホワイトハウス

〒378-0408　群馬県利根郡片品村花咲367
TEL.0278-58-3940　FAX.0278-58-4051
電車：JR上越線、沼田駅からバス（約50分）で「武尊口」下車。宿泊送迎あり。※沼田駅までの送迎あり（要予約）。
車：関越自動車道、沼田ICより約40分。
■客室：12部屋　■収容人数：50人　■内風呂：男1・女1
■宿泊料金：1泊2食　5,500円～（税別）

24時間かけ流し温泉と素朴な山の手作り料理

◆花咲《はなさく》温泉「ロッヂ 山喜荘《やまきそう》」片品村

オレンジ色の三角屋根が目を引く、山小屋風の建物。前日に降った雪を踏みしめながら、玄関の扉を開けた。赤々と燃えるストーブと女将の星野ラクさん、若女将の圭子さん母娘が出迎えてくれた。

「このあたりは、昔から家ごとに屋号を表す意匠を持っているんです。うちは山をかたどった『へ』を2つ重ねた下に、カタカナの『キ』が書かれています。これを『やまき』と読ませて、漢字をあてました」と宿名の由来を話す。創業は昭和39（1964）年。東京オリンピックの年に開設されたほたかオリンピアスキー場（現在は廃業）に合わせて、

農業のかたわら宿をオープンさせた。当時はスキー客相手に、冬季だけの営業だったという。その後、専用のサッカーグラウンドを造り、夏のスポーツ合宿も受け入れるようになった。

大勢の学生たちを迎えるだけあり、浴室も浴槽も広い。優に10人以上が同時に入浴できるサイズである。ところが湯を注ぎ入れる「湯口」が見あたらない。いったい、どこから？ もしや？ と湯舟に浸かりながら浴槽の底を探ってみた。すると勢いよく湧き出す「湯口」を発見！ 源泉が空気に触れることなく、浴槽を満たしていたのだ。理想的な給湯方法であ

る。しかも、かけ流し。新鮮な湯を存分に味わうことができた。

　湯上がりは食堂で、地酒とともに山の幸をふんだんに使った手作り料理に舌鼓。馬刺しや鶏鍋を肴《さかな》に、杯を重ねた。極め付きは、自家農園で栽培した片品村特産の大《おお》白《じろ》大豆とにがりだけで作った100%手作りの豆腐。大豆の風味が口の中いっぱいに広がった。甘く、とろけるようなコンニャクも手作りだ。

　素朴な山のもてなしに、今宵も深酒をしてしまいそうである。

■源泉名：花咲温泉　花咲の湯　■湧出量：229ℓ／分（動力揚湯）　■泉温：43.5℃　■泉質：アルカリ性単純温泉　■効能：神経痛、関節痛、筋肉痛、打ち身、くじき、冷え性、五十肩ほか　■温泉の利用形態：加水なし、季節により加温あり、完全放流式

花咲温泉　ロッヂ 山喜荘

〒378-0408　群馬県利根郡片品村花咲375
TEL & FAX.0278-58-3286
電車：JR上越線、沼田駅からバス（約50分）で「武尊口」下車。宿泊送迎あり。
車：関越自動車道、沼田ICより約40分。
■客室：16部屋　■収容人数：60人　■内風呂：男1・女1
■宿泊料金：1泊2食 6,500円～

白壁の土蔵が錦に映える山里の癒やし宿

◆花咲《はなさく》温泉「くつろぎのお宿《やど》 金井《かない》」片品村

平成25年11月、国道120号に悲願の椎坂《しいさか》トンネルが開通した。これにより冬場で約20分、夏場でも約15分もの時間が短縮された。以前からたびたび片品村を訪れている私は、今回の取材で、その改善された利便性の良さを痛感した。

2つのスキー場を抱える花咲温泉には、現在13軒の湯宿が点在している。温泉地としての歴史は平成になってからのこと。それ以前は、農業の合間に冬場だけスキー客相手に商いをする民宿がほとんどだった。

「昔は『どこでもいいから泊めてくれ』なんていう客もいるくらい、スキー客でにぎわっていましたが、今は夏場の合宿のほうが多いくらいですよ」と、2代目女将の星野恵里子さんは、30年前に嫁いで来た当時を思い出す。名字が〝金井〟ではなかったので、怪訝《けげん》な顔をすると、「金井は、うちの古くからの屋号なんです」と教えてくれた。

宿の庭先には、白くて大きな土蔵がある。壁には、その屋号が書かれている。曲尺《かねじゃく》のようなカギに「井」の文字。由緒ある豪農だったようだ。土蔵を包み込むように裏山が錦色に燃えていた。なんとも形容しがたい、美しい山里の秋である。

「昔のようなブームは去りましたが、今でも必ず毎年来てくださるご家族やご夫婦がいます。大好きなスキーを存分に楽しんで、ゆっくりと温泉に入られて行かれますよ」

浴室は、大きな梁《はり》が組まれた湯小屋風。アルカリ性のやわらかい澄んだ湯が、小気味よく流れていた。窓の外には、先ほど蔵越しに眺めた錦秋の里山が見える。もうすぐ、雪の便りが届く頃。また懐かしい顔が、都会からやって来る。

■源泉名：花咲温泉　花咲の湯　■湧出量：229ℓ／分（動力揚湯）　■泉温：43.5℃　■泉質：アルカリ性単純温泉　■効能：神経痛、筋肉痛、関節痛、五十肩、冷え性、運動まひ、腰痛ほか　■温泉の利用形態：加水なし、季節により加温あり、放流・循環併用式

花咲温泉　くつろぎのお宿　金井

〒378-0408　群馬県利根郡片品村花咲373
TEL.0278-58-3293　FAX.0278-58-4057
電車：JR上越線、沼田駅からバス（約50分）で「武尊口」下車。宿泊送迎あり。
車：関越自動車道、沼田ICより約40分。
■客室：15部屋　■収容人数：40人　■内風呂：男1・女1
■宿泊料金：1泊2食　6,300円～（税別）

ゆ
ゆ

天然温泉
くつろぎのお宿
金井

手作りの囲炉裏端に集う主人と旅人たちの宴

◆花咲《はなさく》温泉「ペンション尾瀬《おぜ》ほたか」 片品村

訪ねたのは晩秋。ペンション村は、ひっそりと静まり返り、葉を落とした木々が寒そうに北風に震えていた。あと、ひと月もすれば辺りは一面の銀世界となり、多くのスキーヤーでにぎわうことだろう。

「最近はスキーよりも、登山のほうが多いですよ。百名山ブームっていうやつですか、周辺には中高年でも楽に登れる山が多いですからね」と主人の戸丸俊一さん。ロビーにはトチノキ、ダイニングにはポプラの重厚な一枚板のテーブルが置かれていて、さながら山小屋の中にいるようだ。武尊《ほたか》山《さん》、日光白根山、皇海《すかい》山《さん》、日光男体山、至仏《しぶつ》山《さん》、燧《ひうち》ケ岳、赤城山など、1時間以内に登山口に行ける山々が点在している。山頂までのアプローチも難しくないことから、年々人気が高まっている。連泊して、複数の名山を登頂するハイカーも少なくないという。

宿の創業は昭和54(1979)年。それ以前は、ほたかオリンピアスキー場(現在は廃業)の近くで、両親が食堂を営んでい

た。東京や横浜で板前の修業を終え22歳で帰郷。食堂を継いだ後、ペンション経営を始めた。

「俺が大食漢だからね。余るのはいいけど、足りないのは張り合いがない。お客には満腹感を味わってほしいんだ」と、ワカサギのフライやニジマスのホイル焼き、シカ肉の刺し身など10品以上の料理が並んだ。人気メニューは定番の「オイルフォンデュ」。牛肉や自家農園で採れた野菜を一つ一つ、油で揚げながらいただいた。もちろん、満腹度は120パーセント！

湯上がりにダイニングを覗《のぞ》くと主人が、手作りだという自慢の囲炉裏に炭火をおこしていた。「これが夕食の後の私の楽しみなんですよ。一緒にいかがですか？」と、灰の中で温めた徳利《とっくり》を差し出した。肉や野菜を炭火で焼きながら、長い長い宴が始まった。

■源泉名：奥武尊温泉　オグナの湯　■湧出量：160ℓ／分（動力揚湯）　■泉温：30.6℃　■泉質：アルカリ性単純温泉　■効能：神経痛、関節痛、筋肉痛、五十肩、冷え性、慢性消化器病ほか　■温泉の利用形態：加水なし、加温あり、循環ろ過式

花咲温泉　ペンション 尾瀬ほたか

〒378-0408　群馬県利根郡片品村花咲1621
TEL.0278-58-3248　FAX.0278-58-3407
電車：JR上越線、沼田駅からバス（約50分）で「武尊口」下車。宿泊送迎あり。
車：関越自動車道、沼田ICより約40分。

■客室：11部屋　■収容人数：50人　■内風呂：男1・女1
■宿泊料金：1泊2食 6,480円～

あったか夫婦の人柄と手作り料理に癒やされて

◆花《はな》咲《さく》温泉「ペンション銀《ぎん》河《が》」 片品村

夕日に照らされてキラキラと輝くカラマツの森。サラサラと流れる小川のせせらぎ。ペンション村のはずれに、ポツンと3軒の宿が建っていた。「銀河」は通りから2軒目、真ん中だった。

「私の誕生日が7月7日、七夕なんです。それで、天の川＝銀河です」と教えてくれたオーナーの永井建二さん。奥様の敏子さんとともに熊本県の出身だという。

この地にペンションをオープンしたのは平成元年のこと。それまでは埼玉県に暮らしていた。毎年のように登山とスキーを楽しみに片品村を訪れていたという。「ここは別天地。熱帯夜がなくて、夏でも過ごしやすいんです」。一念発起をして家族全員で、あこがれの地へ移住した。

宿の前には「銀河花菜園」と名付けられた自家農園が広がる。四季折々に約20種類の草花と約50種類の野菜が栽培されている。リピーターのほとんどが、ここで採れる野菜と料理の味を目当てにやって来るという。眺めていたら、急にお腹が空いてきた。

夕食の前に、湯をいただくことにした。引かれている源泉の温度が約30度と低いため加温はされているが、加水はしていない。さらに直接浴室に源泉が引かれているため、湯が熱いときにも源泉で薄めることができる。常に源泉１００％を保てる配慮に、頭が下がった。

レタス、グリーンリーフ、トマト、ブロコッリーなど、色鮮やかな新鮮野菜が食卓を飾っていた。真っ赤なカブのような野菜は、日本ではあまり馴染《なじ》みのない「ビーツ」という根菜。日本では火焔菜《かえんさい》とも呼ばれている。もちろん、これも目の前の菜園で採れたものだ。

「銀河風ボルシチです」と出された皿には、ビーツで作った真っ赤なスープが！　見た目と反して、ほのかな甘みが後を引く、クセになる味だった。デザートのイチゴシャーベットにいたるまで、すべて菜園で採れた手作り料理だ。一年を通して常連客が通って来るのも、むべなるかな。

■源泉名：奥武尊温泉　オグナの湯　■湧出量：160ℓ／分（動力揚湯）　■泉温：30.6℃　■泉質：アルカリ性単純温泉　■効能：神経痛、筋肉痛、関節痛、五十肩、運動まひ、冷え性ほか　■温泉の利用形態：加水なし、加温あり、循環ろ過式

花咲温泉　ペンション銀河

〒378-0408　群馬県利根郡片品村花咲2792-14
TEL.0278-58-4367　FAX. 0278-58-3806
電車：JR上越線、沼田駅からバス（約50分）で「武尊口」下車。宿泊送迎あり。
車：関越自動車道、沼田ICより約40分。
■客室：6部屋　■収容人数：15人　■内風呂：貸切2
■宿泊料金：1泊2食　7,500円～

銀河

希代の師匠が愛した街道きっての老舗旅館

◆鎌田《かまた》温泉「梅田屋旅館《うめだやりょかん》」 片品村

〈人生なんて　知るもんか
勝手に生きりゃ　それでいい〉
〈酔うことよ　酒と煙草を止める奴ぁ　最も意志の弱い奴である〉

大広間の襖《ふすま》いっぱいに描かれたヤンチャな文字と、軽妙かつ辛辣《しんらつ》な言葉に、圧倒されてしまった。これでもかと言わんばかりに8枚の襖に次から次へと殴り書きされている。こんな破天荒なことをする人は誰かと問えば、書の主は落語家の故・立川談志師匠だった。

4代目女将の星野由紀枝さんによれば、「落語が好きだった亡き主人が、高崎市で友人らと寄席を開いたとき、出演した師匠をお連れして一緒にお酒を飲んだ夜に描かれた」という。

ところが後日、師匠は訪れた際に『この間は酔っぱらっていたから』と、今度は隣の部屋に素面《しらふ》で描かれていかれました」。そう言って開けた中広間の襖4枚に、こう描かれていた。

〈何ィ俺は素面だァ　この野郎人生を　何だと思ってやんでぇ　人生なんて全て　成り行きだァな〉

酔っていても素面でも、まったく変わらないところが師匠の凄《すご》いところである。つくづく惜しい人を亡くしたと思う。

創業は明治44（1911）年。尾瀬や日光の行き帰りに投宿する料理旅館として、明治・大正・昭和・平成と一世紀にわたり旅人たちをもてなしてきた。昭和62（1987）年、絶対に湯は出ないと言われていたこの地に

念願の温泉を掘り当て、新たに温泉旅館としての歴史が加わった。泉質は肌にやさしいアルカリ性単純温泉。絹の衣をまとったような、ふんわりとした浴感が心地よい。

湯上がりは、5代目主人の星野修一さん自らが腕をふるう山里の料理に舌鼓を打った。イワナのあらい、キノコのホイル焼き、ニジマスの唐揚げなど、地の物、旬の物にこだわった素朴な味に酒が進む。締めに師匠の大好物だったという「つめっこ鍋」(すいとん)をいただいた。なつかしい味わいに、ますます酒が進んでしまった。

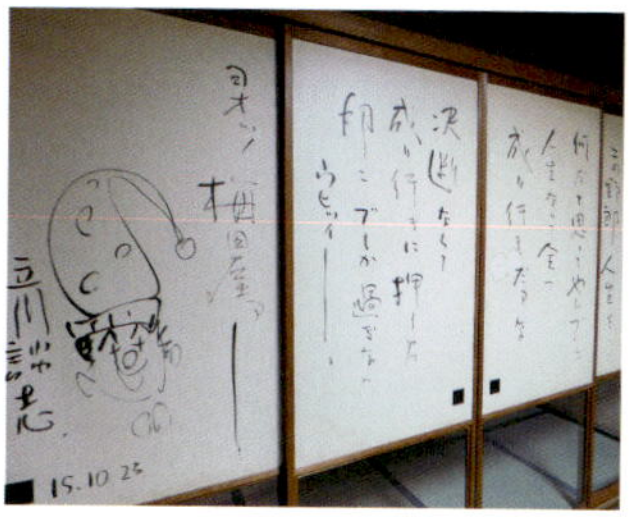

■源泉名:鎌田温泉　水芭蕉の湯　■湧出量:48ℓ/分(動力揚湯)　■泉温:40.9℃　■泉質:アルカリ性単純温泉　■効能:神経痛、筋肉痛、関節痛、五十肩、冷え性、慢性消化器病ほか　■温泉の利用形態:加水なし、加温あり、循環ろ過式

鎌田温泉　梅田屋旅館

〒378-0415　群馬県利根郡片品村鎌田4073
TEL.0278-58-2355　FAX.0278-58-2513
電車:JR上越線、沼田駅または上越新幹線、上毛高原駅からバス(約40〜60分)で「鎌田」下車。徒歩約1分。
車:関越自動車道、沼田ICより約30分。

■客室:12部屋　■収容人数:40人　■内風呂:男1・女1　■露天風呂:男1・女1　■貸切風呂:1　■宿泊料金:1泊2食 10,000円〜(税別)　■日帰り入浴:可

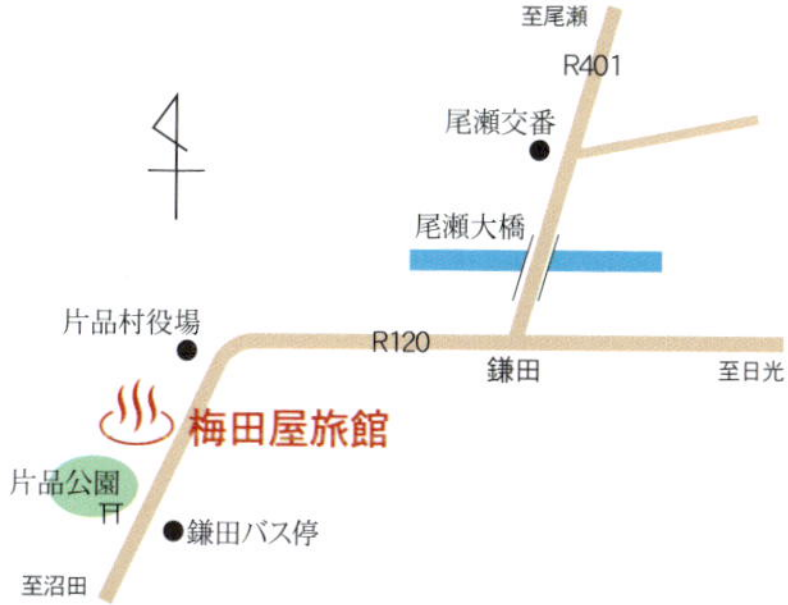

ツルスベの自家源泉と創作オリジナル料理

◆鎌田《かまた》温泉「湯《ゆ》の宿《やど》 畔《はん》瀬《ぜ》」片品村

「お久しぶりです。お元気でしたか？」。4年ぶりに訪ねると、あの日と変わらぬ笑顔で、2代目主人の入沢尚和さんが出迎えてくれた。この日、私は念願の約束を果たすためにやって来た。それは主人が考案した創作料理を食すこと。前回の取材では時間に余裕がなく、話だけ聞いて泣く泣く帰った記憶がある。今回は、じっくりと泊まって、自慢の味を堪能することにした。

とはいっても、ここの自慢は料理だけではない。毎分約200リットルという自家源泉から湧き出す良質の湯はアルカリ性で、ツルツル、スベスベの肌になると評判の「美人の湯」。ほんのり漂う硫黄の香りが、心地よい極上の湯浴《あ》みを演出してくれる。

「露天風呂の湯口と湯尻の位置を変えたんです。これだけで冬場でも2～3度の違いがあります」と、湯の管理には努力を惜しまない。源泉の温度が約48度と恵まれているため、加水も加温もせずに、注ぎ込む湯量の調節だけで夏も冬も快適な湯温を保っている。今回訪ねたのは夏。ぬるめに設定してある露天風呂から眺める青々とした山並みと、庭の色鮮やかな花々が、目を楽しませてくれた。

湯上がりは、まずは冷えたビールをグラスで一杯。目の前のテーブルには、シカ刺しやアユ

の塩焼きなどの山の幸と、自家農園で主人自らが栽培した新鮮野菜の手作り料理が並んだ。

「さあ、熱いうちに召し上がってください」と、小皿に乗せられたキツネ色に揚げられた揚げ出し豆腐のような料理。これが待ちに待っていた畔瀬オリジナルの「じゃがいも豆腐」である。見た目は豆腐のようだが、すべてジャガイモだけで作られているというから驚いた。サクッとした食感の後、トロ～リと口の中でとろけ出す濃厚なジャガイモのクリーム。生まれて初めて出合った〝味体験〟に、感動すら覚えてしまった。

■源泉名：鎌田温泉　半瀬の湯　■湧出量：206ℓ／分（動力揚湯）　■泉温：47.2℃　■泉質：アルカリ性単純温泉　■効能：リウマチ性疾患、運動機能障害、神経まひ、神経痛、病後回復ほか　■温泉の利用形態：加水なし、加温なし、完全放流式

鎌田温泉　湯の宿 畔瀬

〒378-0415　群馬県利根郡片品村鎌田3904-1
TEL.0278-58-4330　FAX.0278-58-4211
電車：JR上越線、沼田駅からバス（約50分）で「鎌田」下車。徒歩約15分。宿泊送迎あり（要予約）。
車：関越自動車道、沼田ICより約40分。

■客室：12部屋　■収容人数：30人　■内風呂：男1・女1　■露天風呂：男1・女1　■宿泊料金：1泊2食　7,000円～（税別）　■日帰り入浴：可

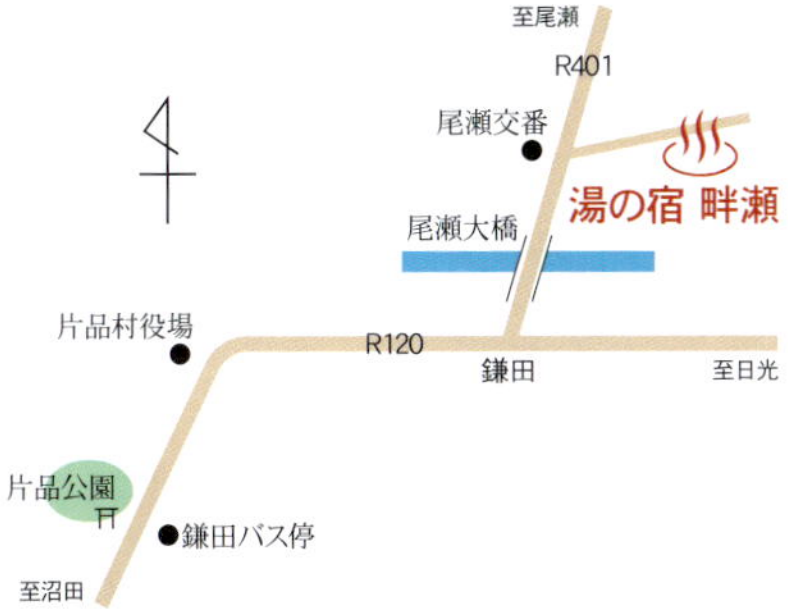

雪深いこの地で代々守り継いできた老舗宿

◆片品《かたしな》温泉「よろづや」 片品村

訪ねたのは極寒の2月。家々の屋根には、降り積もった雪が重そうに残っていた。さらに朝から降り出した雪が、車道と歩道の境目も分からないほどに覆い隠している。

「これは、まいった！」と思いながら宿を探していると、一区画だけまったく雪のない駐車場を発見。看板には、天然温泉のマークと「よろづや」の文字。雪道に不慣れな旅人にとって、これ以上に心のこもった出迎えはないだろう。

「主人が出勤前に、雪かきをしておいてくれたんですよ」と女将の笠原和江さん。「よろづや」は、代々女将が直系で宿を守り継いできた。和江さんで4代目になる。

創業は不明。戦後まもなくの頃に、ここより北の戸倉地区で曾祖父母が開業した。「当時は、まだスキー場も温泉もなかった時代です。薬売りなどの行商人たちが泊まる木賃宿だったようです」。現在の場所に移転したのは昭和40年代になってからのこと。当時は祖父母が切り盛りをしていた。

高度成長期からバブル期へ。スキー客や尾瀬登山客、スポーツ合宿を受け入れるリゾート地の温泉宿として、あまたの旅人たちを迎えてきた。そして平成3年、和江さんが結婚を機に4代目女将を襲名した。

「若い学生さんたちも多いので、地元産のキノコや山菜を使った郷土料理からハンバーグなどの肉料理まで、和洋折衷なんですよ」と笑う。すべて女将と家族の手作りだ。

驚いたのは、女将が指圧マッサージの資格を持っていたこと。「スポーツやレジャーで疲れたお客さまを、少しでも癒やしてあげたいから」と、15年以上も前から足ツボと全身のマッサージを行っている。

温泉は、癖のないサラリとしたアルカリ性泉。家族や客室単位で利用できる貸切風呂もあり、ゆっくりとリラックスして入浴できるのがいい。湯上がりにマッサージを頼めば、相乗効果により疲労回復は、てき面である。

■源泉名：片品温泉　天狗の湯　■湧出量：測定せず（動力揚湯）　■泉温：21.9℃　■泉質：フッ素イオンとメタホウ酸の含有量が限界値以上のため温泉に該当　■効能：神経痛、筋肉痛、関節痛、五十肩、運動まひ、打ち身、慢性皮膚病ほか　■温泉の利用形態：加水あり、加温あり、循環ろ過式

片品温泉　よろづや

〒378-0413　群馬県利根郡片品村越本1162
TEL.0278-58-4628　FAX.0278-58-2382
電車：JR上越線、沼田駅からバス（約50分）で「越本」下車。徒歩約2分。
車：関越自動車道、沼田ICより約40分。
■客室：14部屋　■収容人数：60人　■内風呂：男1・女1
■貸切風呂：1　■宿泊料金：1泊2食　6,300円～（税別）
■日帰り入浴：可

Welcome

山の湯
と旅館

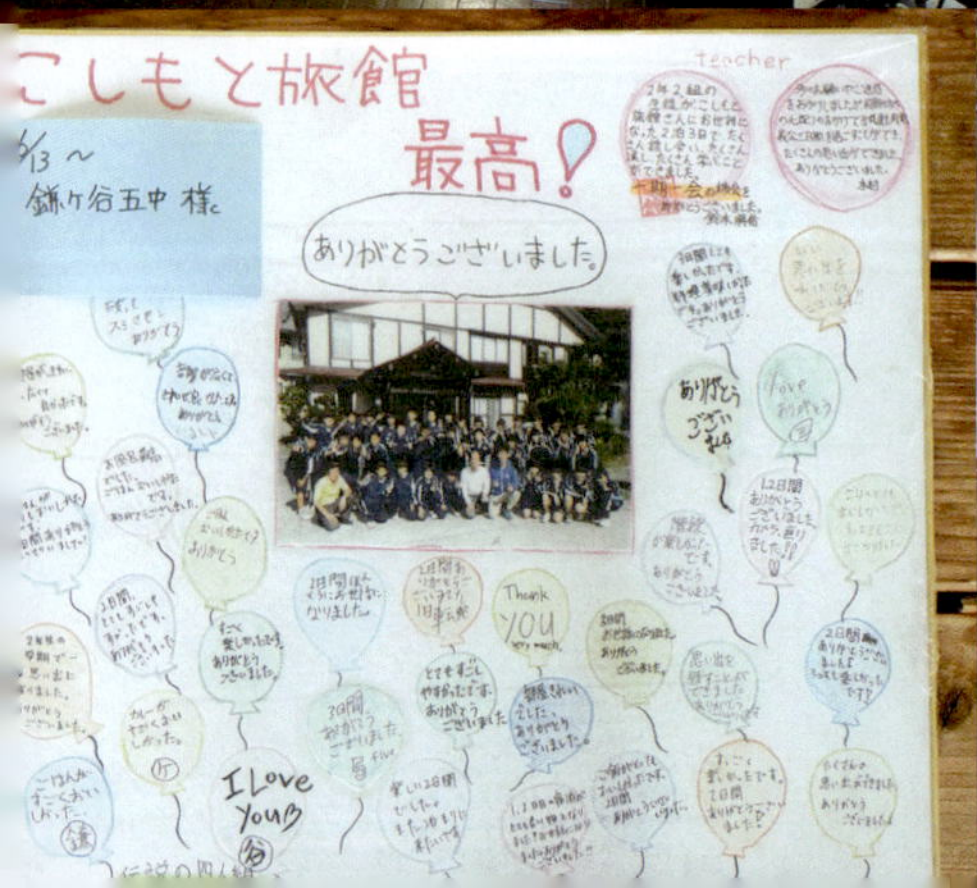
こしもと旅館
最高!
5/13～
鎌ケ谷五中 様
ありがとうございました。
Thank you
I Love You

自家農園で栽培した野菜の漬け物バイキング

◆片品《かたしな》温泉「こしもと旅館《りょかん》」　片品村

片品村は昔からスポーツの盛んな土地だ。村内には6つのスキー場があり、多目的グラウンドや体育館をはじめ、サッカーやテニスコートなどの施設が充実している。

「私がここへ嫁いで来たのは昭和63（1988）年のこと。最初に驚いたのは、地域の人たちがみなさんスポーツをなさっていることです。バレーボールやソフトボール、野球、ドッチボールなど、地区対抗の大会が盛んなんです」と3代目女将の笠原直子さん。本人も婦人会のミニバレーを楽しんでいる。

宿の創業は昭和42（1967）年。かたしな高原スキー場の開設の年に、義祖父母が農業のかたわらに民宿を始めた。

高度成長期、バブル期には団体客が押し寄せ、目が回るほどの忙しさだったという。

「接客業は初めてだったので、子育てをしながら無我夢中で旅館を手伝ってきました。今日までやって来られたのも、家族と地域の人たちの協力があったからこそ。ここは本当に暮らしやすいところですよ」

館内にはフローリングの大ホールを所有している。近年はスポーツ合宿のほかにも、ダンスや音楽、茶道、ゼミなど学生から中高年まで多目的の合宿に訪れるという。いい汗をかいた後は、もちろん温泉が待っている。

アルカリ性の高い湯は保温力と保湿力に優れ、体の隅々まで温めてくれる。片品という大自然に包まれた環境に身を置き、スキーや登山、または趣味のカルチャーを思いっきり楽しんだ一日の終わりに、ゆったりと温泉に入る。都会の人たちにとって、これ以上の贅沢《ぜいたく》はないかもしれない。

湯上がりに皿いっぱいの漬け物をいただいた。夏はキュウリやナス、トマト。この時季は白菜や大根が漬けられている。もちろん、すべて自家農園で栽培された野菜である。それらを代々大切に守ってきた糠床《ぬかどこ》で、大女将の房子さんが漬けている。まさに地産地食の宿。この漬け物がバイキングで食せるのがうれしい。

■源泉名：片品温泉　萩の湯2号　■湧出量：測定せず（動力揚湯）　■泉温：47.4℃　■泉質：アルカリ性単純温泉　■効能：神経痛、関節痛、筋肉痛、五十肩、冷え性、打ち身、運動器障害ほか　■温泉の利用形態：加水なし、加温あり、循環ろ過式

片品温泉　こしもと旅館

〒378-0413　群馬県利根郡片品村越本542
TEL.0278-58-2330　FAX.0278-58-4402
電車：JR上越線、沼田駅からバス（約50分）で「中里」下車。徒歩約1分。
車：関越自動車道、沼田ICより約40分。

■客室：16部屋　■収容人数：65人　■内風呂：男1・女1　■宿泊料金：1泊2食 6,500円～（税別）　■日帰り入浴：可（要問合）

運が良ければジビエ料理を食せる猟師の宿

◆片品《かたしな》温泉「尾瀬《おぜ》 山《やま》どん」 片品村

尾瀬へ向かう国道401号沿い。山小屋風の玄関前に、山積みされた薪《まき》が目につく。通るたびに、いつも気になっていた宿だった。何よりも宿名のインパクトが凄《すご》い！「山どん」って、何だろう？

「よく聞かれるんですよ。なんだと思いますか？」と主人の山崎直康さん。会う早々、禅問答のような会話が始まった。「山崎さんだから"山どん"ですか？」と答えれば、「私の旧姓は笠原。山崎は家内の姓です」と、女将とのなれそめ話が始まった。

昭和50年代後半、父親を早く亡くした主人は、農業を営む母親と農家民宿を開業した。高度成長からバブルの追い風に吹かれて、スキーや登山、スポーツ合宿する客らで大変ににぎわったという。女将の登喜恵さんも、千葉県からグループでテニスやスキーを楽しみに来ていた客の一人だった。

「ということは、ご主人の一目惚れ？」と言うと笑ってごまかしたが、遠からず当たっているらしい。でも、そんなことより私が知りたいのは「山どん」である。答えを聞いて、宿名に込められた主人の客に対する深い思いを知った。「山に来たらドン（首領）になりなさい。お客さまは神様です。ここでは、おおらかに自由気ままに振る舞ってくださいという意味ですよ」。

湯上がりにレストランへ行くと、厨房《ちゅうぼう》から主人が一升瓶を抱えてやって来た。こんにゃくのサラダや鶏肉とキノコのホイル焼き、地元では「つめっこ」と呼ばれるすいとん鍋など、豊かな山の幸を肴《さかな》に楽しい宴《うたげ》が始まった。

「あなたは運がいい。昨日、仕留めたばかりの新鮮な肉だよ」と出されたのは、赤々とした鹿肉の刺身だった。主人が猟をすることは知っていたが、まさか初めて泊まった日にジビエ料理に出合うとは驚いた。弾力があり、噛《か》めば噛むほど甘みがある。何を隠そう、鹿肉は私の好物である。

この晩は夜が更けるのも忘れ、酒と料理と主人の話に酔いしれた。

■源泉名：片品温泉　萩の湯1号　■湧出量：190ℓ／分（動力揚湯）　■泉温：50.5℃　■泉質：アルカリ性単純温泉　■効能：神経痛、関節痛、筋肉痛、五十肩、関節のこわばり、冷え性ほか　■温泉の利用形態：加水あり、加温あり、循環ろ過式

片品温泉 アウトドア・スポーツロッヂ
尾瀬　山どん

〒378-0413　群馬県利根郡片品村越本624
TEL.0278-58-2700　FAX.0278-58-2785
電車：JR上越線、沼田駅からバス（約50分）で「塩尻」下車。すぐ前。
車：関越自動車道、沼田ICより約40分。
■客室：13部屋　■収容人数：65人　■内風呂：男1・女1　■宿泊料金：1泊2食　7,000円～（税別）　■日帰り入浴：可

いらっしゃいませ

ゆ

ゆ
おみやげ

不妊、少子化に朗報!? 子どもが授かる神泉

◆片品《かたしな》温泉「子宝《こだから》の湯《ゆ》 しおじり」片品村

「この辺りは、昔から子だくさんの家が多いんですよ。お湯のおかげと言われてきました」と話す、2代目女将の池田恵美子さん。湧《い》き出ずる神泉は、いつしか"子宝の湯"と呼ばれるようになった。

「実は私も半信半疑だったんですが、菓子折りを持って、お礼を言いに来られたお客さまがいたんです」と、女将は摩訶《まか》不思議な話をしてくれた。それは数年前のある日のこと。2歳の幼子を連れて、40代の夫婦が訪ねて来たという。そして「温泉のおかげで、この子が授かりました」と告げた。長年、子宝に恵まれなかった夫婦にとって、ここの湯は、医者でも果たせなかった願いをかなえてくれた魔法の薬に思えたに違いない。「その時は、私も本当に驚きました。やっぱり子宝の湯だったんだって」と笑った。

さっそく、その霊験あらたかな神泉に我が身を沈めてみる。すでに3人の子と孫まで授かっている私には、御利益は不要だが、ありがたく浴することにした。

泉質はアルカリ性単純温泉。pH9・2の強アルカリ性の湯は、ツルツルとして、やわらかな肌触り。化粧品の成分にも使用されるメタケイ酸の含有量も多く、美肌効果は十分に期待できそうである。

湯から上がると、ご主人の好孝さんが畑仕事から帰ってきたところだった。自家所有の「しおじり農園」で栽培された四季折々の野菜は、食材として宿の料理に使われている。この時季は、片品村特産の「大《おお》白《じろ》大豆」の収穫をしているとのこと。豆腐にすると美味であることで知られる大豆だが、こちらでは自家製みそにして客人に振る舞っている。

ちなみに宿名の「しおじり」とは、地名の字名「塩尻」に由来する。昭和45(1970)年に初代が開業した民宿当時からの常連客が名付け親だという。

■源泉名：片品温泉　萩の湯1号　■湧出量：190ℓ／分（動力揚湯）　■泉温：50.5℃　■泉質：アルカリ性単純温泉　■効能：神経痛、関節痛、筋肉痛、リウマチ性疾患、神経まひ、運動器障害ほか　■温泉の利用形態：加水なし、季節により加温あり、循環ろ過式

片品温泉　子宝の湯　しおじり

〒378-0413　群馬県利根郡片品村越本626-1
TEL.0278-58-2328　FAX.0278-58-3752
電車：JR上越線、沼田駅からバス（約50分）で「塩尻」下車。すぐ前。
車：関越自動車道、沼田ICより約40分。
■客室：21部屋　■収容人数：70人　■内風呂：男1・女1
■宿泊料金：1泊2食 8,000円〜（税別）　■日帰り入浴：可

昔から常連が集う最古の源泉を引く老舗旅館

◆片品《かたしな》温泉「旅館《りょかん》みさわ」片品村

日光へ向かう国道401号と分かれ、片品川に架かる尾瀬大橋を渡ると、そこからが片品温泉郷だ。通称、奥利根ゆけむり街道。深い山並みと渓谷に囲まれた豊かな自然が旅人を迎えてくれる。

温泉街に入り、最初に目に飛び込んでくる建物が「旅館みさわ」である。鉄筋5階建てのしょう洒《しゃ》な旅館だが、歴史は古い。創業は昭和43（1968）年。”旧4軒“と呼ばれる老舗宿の1軒だ。

「うちの祖父と千代田館の創業者が友人だったこともあり、源泉を引いてもらえたようです。おかげさまで古くからの常連客に、今でも愛されています」と2代目主人の梅澤志洋《ゆきひろ》さん。

千代田館は片品温泉最古の源泉「新井の湯」を代々守り継いでいる一番の老舗宿。昭和初年、土出地区新井の人たちが共有していた川底から自噴する源泉を譲り受け、共同浴場を建て、最初に温泉旅館を開業したのが片品温泉の始まりだった。現在、「新井の湯」源泉を引いている宿は3軒だけとなっている。

「現在の建物は平成8年に建て替えたものです。冬はスキー客、夏はスポーツ合宿がメーンですが、時代とともに客のニーズは変化していますね」。近年は屋外スポーツよりもインドアの利用が増えているという。同館の専用体育館では片面全面をガラス張りにして、ダンス人口の増加に対応している。「最近は中学校でもダンスの授業があるそうですよ。世の中、何が流行《はや》るか分かりませんね」と笑った。

エレベーターに乗って、階下にある大浴場へ。開湯100年の歴史を持つ「新井の湯」はアルカリ性が高く、乳液の中に浸かっているようなツルツルとした肌触りが特徴だ。昔から「美肌の湯」として知られる名湯である。

■源泉名：片品温泉　新井の湯　■湧出量：80ℓ／分（動力揚湯）　■泉温：47.6℃　■泉質：アルカリ性単純温泉　■効能：神経痛、筋肉痛、関節痛、五十肩、運動まひ、関節のこわばり、冷え性ほか　■温泉の利用形態：加水あり、加温あり、循環ろ過式

片品温泉　旅館みさわ

〒378-0412　群馬県利根郡片品村土出59-2
TEL.0278-58-7231　FAX.0278-58-7232
電車：JR上越線、沼田駅からバス（約50分）で「塩尻」下車。目の前。
車：関越自動車道、沼田ICより約40分。
■客室：18部屋　■収容人数：100人　■内風呂：男1・女1　■露天風呂：男1・女1　■宿泊料金：1泊2食　8,000円～（税別）

旅館 みさわ

戦前から愛される名泉を守り続ける湯元の宿

◆片品《かたしな》温泉「湯元《ゆもと》 千代田館《ちよだかん》」片品村

橋の上から片品川上流を眺めると、川の中からスルスルとパイプが旅館に向かって伸びている。一見、奇妙な光景に映るが、これが開湯100年の歴史を持つ源泉を守り継ぐ湯元の証拠である。

この日、私は7年ぶりに千代田館を訪ねた。前回同様、玄関前に鎮座する薬師堂に手を合わせた。初代の田邊要次郎さんが建てたもので、湯治客はここで病気が治るように祈願してから湯に入ったという。

「源泉はかつて片品川の右岸にありましたが、台風の大雨で川が蛇行して、現在のように川中に水没してしまいました」と3代目主人の田邊晃男さんが、昭和40年代に源泉の湧出口をコンクリートで囲って守った経緯を話してくれた。片品温泉と呼ばれるようになったのは戦後のことで、古くは「新井の湯」と呼ばれ地元の人たちに親しまれていた。昭和初年、初代が自噴する源泉を譲り受け、共同浴場を建て、のちに旅館を開業した。

館内は大勢のお年寄りたちで大変にぎわっていた。「もしかして、千代田会の人たちですか？」と問えば、「ええ、元祖千代田会の宇都宮支部の方々です」

と主人。以前訪ねた時に千代田会の話を聞いて、大変驚いた記憶がある。

千代田会とは、千代田館の"湯"と"宿"をこよなく愛するファンクラブのこと。現在、関東一円に6支部があり、100人以上の会員がいる。湯の良さと宿の素朴さ、それと主人や従業員の人柄に惹《ひ》かれて集まってきた人たちだ。

その自慢の湯は、この日も健在だった。pH9・0のアルカリ性の高い源泉は、トロリと肌にまつわり付き、まるでローションか乳液の中に浸かっているよう。昔から美肌効果があり、皮膚病などに効果があるとされてきた。

片品川に面した露天風呂は、その名も「展望美肌の湯」。ツルスベの浴感を楽しみながら、しばし川面をわたる涼風に吹かれていた。

■源泉名：片品温泉　新井の湯　■湧出量：80ℓ／分（動力揚湯）　■泉温：47.6℃　■泉質：アルカリ性単純温泉　■効能：神経痛、筋肉痛、関節痛、五十肩、運動まひ、慢性消化器病、美肌効果ほか　■温泉の利用形態：加水なし、季節により加温あり、放流・循環併用

片品温泉　湯元 千代田館

〒378-0412　群馬県利根郡片品村土出21
TEL.0278-58-7041　FAX.0278-58-7264
電車：JR上越線、沼田駅からバス（約50分）で「土出」下車。徒歩約1分。
車：関越自動車道、沼田ICより約40分。

■客室：25部屋　■収容人数：100人　■内風呂：男1・女1　■露天風呂：男1・女1　■貸切風呂：1　■宿泊料金：1泊2食 7,500円～（税別）　■日帰り入浴：可

肌がツルツルになると”ダブル美肌効果“が評判

◆片品《かたしな》温泉「みよしの旅館《りょかん》」 片品村

橋を渡ると、明るく伸びやかな子どもたちの声が響いてきた。2年後には廃校になってしまう旧片品北小学校。現在、村の中心部（鎌田）に新築中の片品小学校が完成するまでの仮校舎として、2校の児童が通ってきているという。

「子どもたちの声が聞こえなくなると思うと、淋しいよね。私の母校だからさ」と、2代目主人の吉野健太郎さんは目を細めた。小学校の真ん前で商いを続ける老舗の宿だ。

創業は昭和48（1973）年。この地で農業をしていた先代が、念願の温泉を掘削して旅館業を始めた。「子どもの頃、片品川で水遊びをして体が冷えると、川原を掘って体を温めたものだよ。それくらいここは、どこを掘っても温泉が湧いていたんだね」。

折からのスキーブームと尾瀬ブームの追い風を受けて、旅館は大繁盛した。さらに土地があったこともあり、自前のグラウンドと体育館（多目的ホール）を設備。一年を通して、サッカー、ハンドボール、卓球、空手などのスポーツ部やコーラス部、吹奏楽部が合宿で利用するようになった。現在は世相を反映してか、首都圏から老人会がグラウンドゴルフの練習に連泊でやって来るのだという。

そして、お年寄りたちの目当ては、もちろん極上の温泉にある。単純温泉が占める温泉街で、古くから硫黄泉を保有している。

pH値9・0という高いアルカリ性と硫化水素イオンの”ダブル美肌効果“で肌がツルツルになることから、女性客には評判が良い。

浴室のドアを開けた途端、モワ～と顔に張り付いてくる蒸された空気とゆで卵のような温泉臭。もう、それだけで”湯心“をかき立てられる。浴槽には期待どおりの湯が、惜しみなくかけ流されていた。硫黄の香りに包まれながら、至福の湯浴《あ》みを存分に楽しむことができた。

■源泉名：片品温泉　釈迦の湯2号井　■湧出量：78.1ℓ／分（動力揚湯）　■泉温：47.5℃　■泉質：アルカリ性単純硫黄温泉　■効能：神経痛、筋肉痛、関節痛、切り傷、慢性皮膚炎、慢性婦人病、糖尿病ほか
■温泉の利用形態：加水なし、加温なし、完全放流式

片品温泉
湯元　釈迦の湯　みよしの旅館

〒378-0412　群馬県利根郡片品村土出1957-1
TEL.0278-58-7550　FAX.0278-58-7939
電車：JR上越線、沼田駅からバス（約50分）で「塩尻」下車。徒歩約５分。
車：関越自動車道、沼田ＩＣより約40分。
■客室：20部屋　■収容人数：80人　■内風呂：男1・女1
■宿泊料金：1泊2食　7,500円～（税別）　■日帰り入浴：可

男湯
女湯

みよしの旅館
みよしの旅館

囲炉裏の炎に笑顔が浮かぶ 温もりの和風旅館

◆片品《かたしな》温泉「旅館《りょかん》こばやし」 片品村

片品温泉は、片品川の両岸に約30軒の宿が並ぶ細長い温泉街。尾瀬へ向かう国道から離れ橋を渡り左岸へ。「旅館こばやし」は集落の一番奥に、ひっそりと和のたたずまいを見せている。

玄関を入ると出迎えてくれる太くて大きな天井の梁《はり》。木の香りと白壁に包まれた和の空間に心がなごむ。

「いらっしゃいませ。寒かったでしょう。さあ、こちらへ、どうぞ」と2代目の小林政彦さん、杉子さん夫妻。赤々と炭火の炎が揺れる囲炉裏の間に通された。思わず手をかざすと、自然と笑みがこぼれた。

「炎って不思議ですね。みなさん、ここに集まり、初めての方同士でも話がはずむんですよ」と女将さん。25年前に村内から嫁いできた。

お茶請けに出された大根、白菜、野沢菜の漬物と大きな花豆の煮物。「すべて、うちの畑で採れたものです。おふくろの手作りです」とご主人。トマト、キュウリ、キャベツ、カボチャ、トウモロコシ、ナスなど一年を通じ

て自家農園で旬の野菜を栽培。新鮮な食材をふんだんに使った料理に定評がある。米やみそも自家製だ。客の3分の2は常連客が占めるというのも、むべなるかな。きっと誰もが、ふるさとの親戚の家に帰ったような気分になれるのだろう。

浴室は黒御影石のタイルを敷きつめた落ち着いた造りで、清潔感が漂っている。湯舟から沸き上がる湯気に窓から陽光が差して、なんとも幻想的で美しい。肌にやさしいアルカリ性の湯は、サラリとしてクセのない浴感。湯上がりのスベスベ感も心地良い。

スキーや登山、スポーツ合宿での利用客が多いというが、純粋に温泉宿としても泊まりたい和の風情にあふれるやすらぎの宿である。

■源泉名：片品温泉　閑野の湯　■湧出量：測定せず（動力揚湯）　■泉温：40.6℃　■泉質：アルカリ性単純温泉 ■効能：神経痛、筋肉痛、関節痛、五十肩、運動まひ、冷え性、慢性消化器病ほか　■温泉の利用形態：加水なし、加温あり、放流・循環併用

片品温泉　旅館こばやし

〒378-0412　群馬県利根郡片品村土出2330
TEL.0278-58-7339　FAX.0278-58-7400
電車：JR上越線、沼田駅からバス（約50分）で「塩尻」下車。徒歩約8分。※宿泊送迎あり。
車：関越自動車道、沼田ICより約40分。

■客室：12部屋　■収容人数：60人　■内風呂：男1・女1
■宿泊料金：1泊2食 6,800円～（税別）

オールシーズン楽しめる 24時間かけ流し風呂

◆片品《かたしな》温泉「さつき荘《そう》」 片品村

国道の際に立つ「尾瀬　さつき荘」の木製看板が目印。坂道を登った高台に赤い屋根とピンクの壁が印象的なロッジ風の建物が見えた。

「いらっしゃいませ」と出迎えてくれた3代目女将の鏑木恵さんに案内され、ロビーの中へ。最初に目についたのは、壁に飾られた川魚の写真の数々だった。体長42センチもあるサクラマスは圧巻！　しげしげと見入ってしまった。

「主人の趣味なんです。剥製《はくせい》も自分で作るんですよ」と、ショーケースから精巧に作られたイワナの剥製を取り出した。形といい、艶といい、今さっきまで生きていたようなリアル感。玄人《くろうと》はだしの作品に見ほれていたら、「趣味が高じて、職業にしてしまったんです」という。ご主人の武幸さんは旅館業のかたわら、魚類専門の剥製師も営んでいる人だった。

創業は昭和49（１９７４）年。尾瀬岩鞍スキー場のオープンを機に"ゲレンデに一番近い温泉宿"として、武幸さんの祖父母が開業した。今でも初代からの常連が、毎年スキーにやって来ると言う。「お客さんというより、親戚が泊まりに来るみたいで私たちも楽しみにしているんです」と笑う。女将さんと話しているだけで、そのアットホームな雰囲気が、十分に伝わってきた。

湯をいただきに浴室へ。建物の外観と同じピンク色の壁、グレーの床、ベージュの浴槽は、すべてタイル張りで清潔感が漂っている。何よりも湯舟が大きからず小さからず、湯口から注がれる新鮮な湯が満遍なく隅々まで回っているところが気に入った。気持ちいいほどに、かけ流されている。

pH9・2の強アルカリ性の湯は保湿力のあるメタケイ酸の含有が多く、ローションのように体にまとわり付いてくる。美肌効果は抜群だ。

スキーに限らず、ハイキングやスポーツ合宿の客が一年中訪れる理由が分かるような気がした。ご主人と女将さんの人柄に加え、疲れた体を24時間いつでも癒やしてくれる極上の温泉が待っているからだろう。

■源泉名：片品温泉　萩の湯1号　■湧出量：測定せず（動力揚湯）　■泉温：52.7℃　■泉質：アルカリ性単純温泉　■効能：神経痛、筋肉痛、関節痛、五十肩、打ち身、冷え性ほか　■温泉の利用形態：加水なし、加温なし、完全放流式

片品温泉　さつき荘

〒378-0412　群馬県利根郡片品村土出46
TEL.0278-58-7407　FAX.0278-58-7088
電車：JR上越線、沼田駅からバス（約50分）で「土出」下車。徒歩約2分。
車：関越自動車道、沼田ICより約40分。
■客室：11部屋　■収容人数：30人　■内風呂：男1・女1
■宿泊料金：1泊2食　6,500円～（税別）■日帰り入浴：可

ゆ
ゆ

食堂

さつき荘

KIRIN
姫

旅館
うめや

うめや

天然温泉の魅力と野趣あふれる山の幸に感動

◆片《かた》品《しな》温泉「旅《りょ》館《かん》うめや」 片品村

浴室のドアを開けた途端、ムウッとした湯気とともに硫黄の香りに包まれた。それだけで、期待が高まった。

客室20部屋、収容人数100人、鉄筋7階建ての立派な旅館である。それなのに浴室は、男女各一つずつの内風呂があるだけ。宿の規模からした不釣り合いのような気がしたが、すぐに疑問は解けた。脱衣所の壁に「今現在の湯量では、露天風呂を作ることによって天然温泉本来の効能と素晴らしさを実感いただけなくなる恐れがあるため、露天風呂はありません」との但し書きがあったからだ。湯量に見合わない露天風呂に出合うたびに、うんざりしていた私には、願ったりの風呂である。

泉質はアルカリ性単純硫黄温泉。pH9・02という強アルカリ泉と三大美人泉質に数えられている硫黄泉という"ダブル美肌効果"のある湯だ。独特のトロンとした浴感は、加水のない天然温泉である証拠。しかも24時間、源泉かけ流しの湯が楽しめるとあれば、温泉ファンは見逃せない。明日のチェックアウトまで、あと何回入ろうか?と考えただけで、うれしくなってきた。

湯上がりは、生ビールをいただきながら野趣あふれる山の幸を堪能した。訪ねた季節は秋。目の前にデーンと置かれた鍋には、平《ひら》茸《たけ》や山《やま》伏《ぶし》茸《たけ》、あわび茸、雪割茸など12種類もの珍しいキノコが、グツグツと煮えている。これだけでも満足なのに、「はなびら茸の刺身」には感動すら覚えた。その食感は、まさにアワビそのものである。

「いいマグロは出ないけれど、片品ならではの珍しいものを味わってほしいから」と話す2代目女将の梅沢一江さん。"おまけ"で出てきた「ぶち」というおやきのような郷土料理に、またまた感動！

辛みその風味がビールとの相性も抜群だ。群馬には、まだまだ美味しいものがたくさんあると実感した。

■源泉名：片品温泉　釈迦の湯2号　■湧出量：160ℓ／分（動力揚湯）　■泉温：48.3℃　■泉質：アルカリ性単純硫黄温泉　■効能：神経痛、筋肉痛、関節痛、五十肩、慢性消化器病、慢性皮膚病ほか　■温泉の利用形態：加水なし、加温なし、完全放流式

片品温泉　旅館うめや

〒378-0412　群馬県利根郡片品村土出122-1
TEL.0278-58-7337　FAX.0278-58-7786
電車：JR上越線、沼田駅からバス（約50分）で「土出」下車。徒歩約2分。
車：関越自動車道、沼田ICより約40分。
■客室：20部屋　■収容人数：100人　■内風呂：男1・女1
■宿泊料金：1泊2食 9,000円～（税別）　■日帰り入浴：可

赤々と炭火が燃える 囲炉裏端で夜話に酔う

◆片品《かたしな》温泉 「水芭蕉《みずばしょう》の宿《やど》 ひがし」

片品村

磨き上げられたフローリングのロビーを抜けると、炉が切られた間があり、炭火が燃えていた。廊下や客室に限らず、館内のあちこちに木炭が置かれている。旅館特有の〝におい〟がしなかったのは、炭による消臭効果だったのかもしれない。

「先代（父親）が専用の炭焼き窯《がま》で焼いているもので、炭が豊富にあるんですよ」と、出迎えてくれた主人の萩原有朋さん。萩原さんの実家は、すぐ近くにある「民宿ひがし」。現在でも両親が営んでいる。〝ひがし〟とは、屋号の「東」に由来するという。

姉妹館となる「水芭蕉の宿」をオープンしたのは平成7年12月。尾瀬の玄関口にある宿だからかと思えば、さにあらず。それまで水芭蕉の栽培農家をしていたからとのことだった。「水芭蕉って栽培できるのですか?」と驚く私に、「ええ、出荷していましたよ」と当たり前のように答えた。尾瀬を抱える片品村らしい産業があるものだと、無知を棚に上げて一人で感心してしまった。

部屋で浴衣に着替え、さっそく名物の「炭風呂」へ。御影《みかげ》石《いし》と檜《ひのき》の浴槽は、日替わりで男女が入れ替わる。どちらの湯口にも、大量の木炭が置かれている。木炭はプラスイオンを吸収して、マイナスイオンを増やしてくれるという。入浴しながら森林浴と同じ効果が得られるというものだ。

湯上がりのビールは、食堂で地の物をつつきながらいただいた。花豆やカボチャの煮物、ナスの田楽、こんにゃくの刺し身……。そして、郷土料理のおっきりこみ。どれも素朴な味わいで、飽きることがなかった。

夕食後、主人が囲炉裏の間に誘ってくれた。差しつ差されつ、地酒を酌み交わしながら、温泉談義に花が咲いた。赤々と燃える炭火が、身も心もあたためてくれた。

■源泉名：片品温泉　釈迦の湯1号井　■湧出量：測定不能（動力揚湯）　■泉温：27.5℃　■泉質：単純温泉　■効能：神経痛、筋肉痛、関節痛、五十肩、冷え性、慢性消化器病ほか　■温泉の利用形態：加水なし、加温あり、循環ろ過式

片品温泉　水芭蕉の宿　ひがし

〒378-0412　群馬県利根郡片品村土出1243
TEL.0278-58-7181　FAX.0278-58-7957
電車：JR上越線、沼田駅からバス（約50分）で「古仲」下車。徒歩約3分。
車：関越自動車道、沼田ICより約40分。

■客室：12部屋　■収容人数：60人　■内風呂：男1・女1　■露天風呂：男1・女1　■宿泊料金：1泊2食 8,800円～（税別）　素泊り5,400円～（税別）　■日帰り入浴：可

標高1300メートルの高原に広がる雪と花と湯の楽園

◆片品《かたしな》温泉「尾瀬岩鞍《おぜいわくら》リゾートホテル」片品村

千《せん》紫万紅《しばんこう》とは、まさにこのことだ。眼下には50万株、300万輪といわれる色とりどりのユリの花が咲き誇っている。どこまでも続く山並みと果てしない大空。標高1300メートルの高原の風に吹かれていると、連日の下界での猛暑が嘘のように思えてくる。

日本百名山の一座、武尊山《ほたかさん》の北側尾根に広がる県内屈指のスキー場「ホワイトワールド尾瀬岩鞍」。このエリアではコースの標高差、コース面積ともに最大で、幅広い層のスキーヤーから人気が高い。過去には3度も国体の会場に使用されている。

冬場はにぎわうスキー場だが、それ以外の季節はどこも閑散としているのが実情である。でも、ここは違う。10年前からゲレンデに植栽したユリの花が絶景をつくり出し、毎年7月中旬から8月中旬までリフトに乗りながら空中散歩を楽しむことができる。よそでは、なかなか味わえない貴重な体験をした。

「もちろん冬はスキー客がメーンですが、夏のユリや紅葉の頃にもたくさんの方がお見えになります。またこの時季は、避暑を兼ねてお年寄りがグランドゴルフに来られますね」と支配人の笠原賢一さん。なるほど、それで館内には高齢者の姿が多いのである。40ホールあるグラウンドゴルフのコースには、午前も午後も埋めつくすほどのプレーヤーがいた。暑い都会を抜け出して、いつもの仲間たちと涼しい高原で思いっきり趣味を楽しんでいる。しかもホテルに戻れば、温泉が待っているのである。ますます健康で長生きができるというものだ。

昭和59（1984）年の創業当時から引かれている自家源泉は、毎分90リットルと湯量が豊富。無色透明の湯は、ほのかに硫黄の匂いが漂い、サラリと肌にやわらかい。お年寄りにも喜ばれる、やさしい浴感である。

■源泉名：片品温泉　市山の湯　■湧出量：90ℓ／分（動力揚湯）　■泉温：41.4℃　■泉質：アルカリ性単純硫黄温泉　■効能：リウマチ性疾患、神経まひ、運動障害、神経症、病後回復期、美肌効果ほか　■温泉の利用形態：加水あり、加温あり、循環ろ過式

片品温泉　尾瀬岩鞍リゾートホテル

〒378-0412　群馬県利根郡片品村土出2609
TEL.0278-58-7131　FAX.0278-58-7385
電車：JR上越線、沼田駅からバス（約50分）または上越新幹線、上毛高原駅からバス（70分）で「鎌田」下車。宿泊送迎あり。
車：関越自動車道、沼田ICより約50分。
■客室：36部屋　■収容人数：200人　■内風呂：男1・女1　■サウナ：男1・女1　■宿泊料金：1泊2食　10,000円～（税別）　■日帰り入浴：可

ゆき荘専用体育館
TEL(027858)7581

スポーツや登山の疲れを癒やすトロツルの湯

◆尾《お》瀬《ぜ》戸《と》倉《くら》温泉「旅《りょ》館《かん》みゆき」

片品村

左岸から右岸へ、また左岸へ。国道は片品川を何度も越えながら、尾瀬方面へ向かう。戸倉大橋を渡ると、そこからが尾瀬戸倉温泉郷だ。一番最初に旅人を迎える宿が「旅館みゆき」である。

旅館というよりは、プチホテルかペンションのよう。ロックガーデンに囲まれたエントランス階段を上り、フロントへ。広々としたロビーには、何点もの油絵が飾れている。どれも同じ作家の作品のようである。聞けば2代目女将、萩原末子さんの実兄、故・鈴木洋三氏が描いたものだという。ロビーのほかにも廊下やダイニングルームなど、館内のいたるところに展示されていた。

昭和43（１９６８）年の創業。当時はスキー客と登山客が中心の宿だったが、同60年代に入り、レジャーの多様化に合わせて専用の体育館を併設。すると東京、埼玉など都心から若者たちが屋内スポーツを楽しみに、やって来るようになった。「現在、スキーの客は全体の約１割程度。体育館は、ほぼ通年稼働しています」と主人の要一さん。夏休みシーズンは、何年も先まで予約が埋まっているという。

体育館へ行ってみて、その大きさと広さに驚いた。バスケットボールのコートが２面、バドミントンならば８面も取れる立派なもの。この規模の体育館は公共の施設を除けば、関東近県でも数軒の宿しか保有していないらしい。人気のほどが知れる。

部屋で旅装を解き、さっそく湯をいただくことにした。泉質はアルカリ性単純硫黄温泉。それだけで期待が高まるが、さらにｐＨ値は９・６と非常にアルカリ度が高い源泉である。トロンと体にまとわり付く不思議な浴感とツルツルとした肌触り。注ぎ込まれる源泉からは、硫黄泉独特のゆで卵のような香りが漂う。

この湯に癒やされたいがために、わざわざ都会からやって来るのかもしれない。とんとスポーツとは縁遠い私だが、湯けむりの中で、体育館で汗を流す若者たちの姿を思い描いていた。

■源泉名：尾瀬温泉　戸倉の湯　■湧出量：291ℓ／分（動力揚湯）　■泉温：42.8℃　■泉質：アルカリ性単純硫黄泉　■効能：神経痛、関節痛、筋肉痛、五十肩、切り傷、冷え性、美肌効果ほか　■温泉の利用形態：加水なし、季節により加温あり、放流・循環併用式

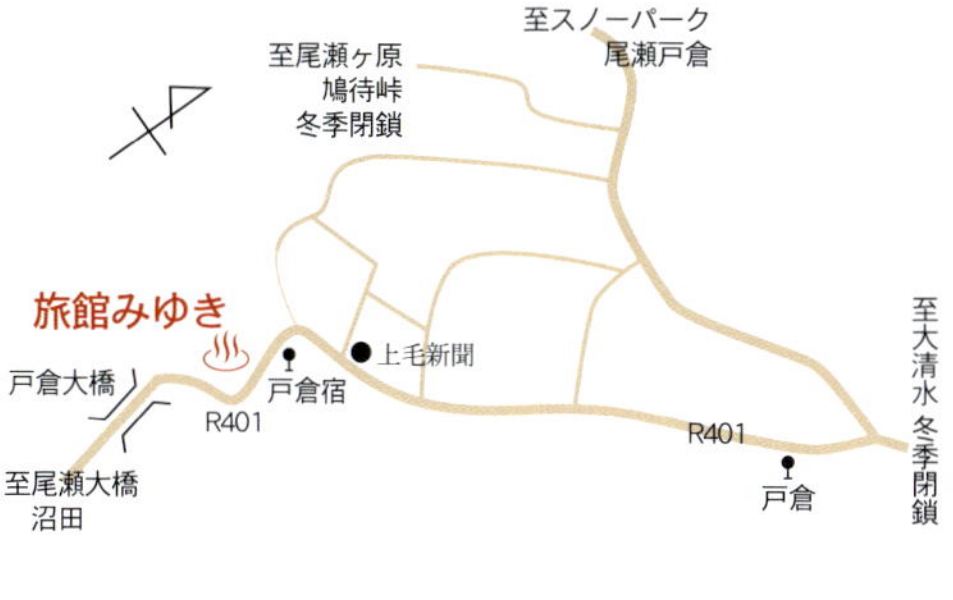

尾瀬戸倉温泉　旅館みゆき

〒378-0411　群馬県利根郡片品村戸倉248-1
TEL.0278-58-7531　FAX.0278-58-7501
電車：JR上越線、沼田駅からバス（約60分）で「戸倉宿」下車。徒歩約1分。
車：関越自動車道、沼田ICより約45分。
■客室：15部屋　■収容人数：50人　■内風呂：男1・女1
■宿泊料金：1泊2食 8,500円～（税別）

自慢の湯と女将の笑顔が待っている山の宿

◇尾《お》瀬《ぜ》戸《と》倉《くら》温泉「旅《りょ》館《かん》　山《やま》びこ」片品村

国道120号から401号へ。片品川に架かる尾瀬大橋を渡ると、あたりは雪景色に一変した。やがて雪は本降りとなり、尾瀬戸倉温泉に着く頃には国道も雪に埋もれた別世界に。「雪国に来た！」という実感が沸く。

「遠いところ、わざわざありがとうございます。雪深いので、びっくりされたでしょう」。女将の萩原文子さんが、満面の笑みをたたえて出迎えてくれた。それだけで、ほっこりと旅装が解けていく。

宿の創業は昭和47（1972）年。この地で生まれ育った女将が自宅で理容室を営んでいたが、主人の周三さんとの結婚を機に旅館を始めた。折しも世の中は空前のスキーブームだった。尾瀬登山の人気も加わり、団体客が大勢やってきた。

ちなみに宿名「山びこ」の由来を聞いてみると、母親の名前「やま」から命名したとのこと。「どうしても母の名前を入れたかったんです」と照れくさそうに笑った。その大正生まれのやまさんは、今でも現役だ。常連客が来たときには、必ずあいさつに顔を出すという。

「初めて来られたお客さまはみなさん、必ずお湯の良さに驚かれます」。常連客たちが足しげく通う理由の1つに、湯の素晴らしさがある。混合された温度の異なる2種類の源泉が、常に湯舟に注がれている。そっと手ですくい鼻先に近づけると、ほのかに硫黄泉特有の匂いがする。たゆたう白い湯の花を目で追いながら、トロンとしたまろやかなアルカリ性の湯を浴んでいると、まさに極楽気分になった。

そして湯上がりのお茶請けにいただいた、女将手作りの漬物の美味しかったこと。ポリポリ、サクサクと音を立てながら、談笑のひとときを楽しんだ。

■源泉名：尾瀬温泉　戸倉の湯・戸倉温泉　水芭蕉の湯の混合泉　■湧出量：291ℓ／分、510ℓ／分（動力揚湯）　■泉温：42.8℃、28.7℃　■泉質：アルカリ性単純硫黄温泉　■効能：神経痛、筋肉痛、関節痛、五十肩、うちみ、くじき、慢性皮膚病、冷え性ほか　■温泉の利用形態：加水なし、加温あり、放流・循環併用

尾瀬戸倉温泉　旅館　山びこ

〒378-0411　群馬県利根郡片品村戸倉268
TEL.0278-58-7546　FAX.0278-58-7545
電車：JR上越線、沼田駅からバス（約60分）で「戸倉宿」下車。徒歩約1分。
車：関越自動車道、沼田ICより約45分。
■客室：10部屋　■収容人数：30人　■内風呂：男1・女1（貸切可）　■宿泊料金：1泊2食　7,800円～（税別）

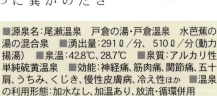

尾瀬戸倉温泉
山びこ

ふじや

福を呼ぶフクロウが迎える あったか母娘の宿

◆尾《お》瀬《ぜ》戸《と》倉《くら》温泉「ふじや旅《りょ》館《かん》」片品村

玄関からロビーへ上がると最初に目を引くのが、大小色とりどりのフクロウのぬいぐるみ人形。すべて、パッチワークが趣味だという女将の萩原えり子さんの作品だ。「いろいろ苦労がありましたからね。福が来るようにって、作っているんですよ」。

あまりの可愛らしさから「譲ってほしい」という客もいるらしいが、一体作るのに手間と時間がかかるので、販売はお断りしている。それでも「小さいフクロウのほうは、差し上げているんですよ。良かったら、おひとつ、どうぞ」と言われて、こぶし大のフクロウをいただいた。女将の願いが、ひと針ひと針込められた"幸福を呼ぶフクロウ"である。さっそく持ち帰り、仕事場の机の上に飾って、毎日、願をかけながら頭をなでている。

宿の創業は昭和54（1979）年の12月。それ以前は先代が経営するスキー場のロッジを手伝っていたが、自宅の建て替えを機に旅館を始めた。「私が小学1年生の時でしたから、良く覚えています。以来、ずーっと旅館を営む両親の姿を見て育ちました」という若女将の佐藤さおりさん。結婚をして一時は、ご主人の仕事の都合で県外で暮らしていたが、「生まれ育った片品の自然の中で子育てがしたい」と家族でUターンしてきた。現在は母と娘の二人三脚で、仲良く宿を切り盛りしている。

冬はスキー、春と秋は尾瀬登山、そして夏は学生たちの合宿と一年を通して忙しいという。特筆すべきは、旅館の隣に大小3つのホールがそろった「音楽ホール」が併設されていること。防音・冷暖房が完備され、合唱部や吹奏学部などの音楽系や文科系の合宿に幅広く利用されている。

ヌルリとした浴感が人気のアルカリ性の硫黄温泉や自家農園で栽培された新鮮な野菜をふんだんに使った山里料理を目当てに訪れる常連客も少なくない。

■源泉名：尾瀬温泉　戸倉の湯　■湧出量：291ℓ／分（動力揚湯）　■泉温：42.8℃　■泉質：アルカリ性単純硫黄温泉　■効能：神経痛、筋肉痛、関節痛、五十肩、慢性消化器病、慢性皮膚病ほか　■温泉の利用形態：加水なし、加温あり、循環ろ過式

尾瀬戸倉温泉　ふじや旅館

〒378-0411　群馬県利根郡片品村戸倉670
TEL.0278-58-7130　FAX.0278-58-7102
電車：JR上越線、沼田駅からバス（約60分）で「戸倉宿」下車。徒歩約1分。
車：関越自動車道、沼田ICより約45分。
■客室：8部屋　■収容人数：30人　■内風呂：男1・女1
■宿泊料金：1泊2食 7,500円～（税別）

秘伝の山ブドウ酒とジビエ料理の宿

◆尾瀬戸倉温泉《おぜとくら》「ペンション ゆきみち」 片品村

温泉街へ入ると、三角屋根を乗せたサーモンピンクの外観がひと際目立つ。「スナックゆきみち」の看板が見える。ペンションの入り口は、その奥だ。

「スナックと喫茶店のほうが古いんですよ。ペンションを始めたのは、私が嫁いで来てからですから」と女将の萩原志津江さん。スキーのインストラクターをしていた主人の行芳さんが、昭和61（1986）年に母屋を建て替えるのを機に宿泊棟を増築した。

行芳さんは実に多彩な人だ。ふだんはペンション経営をしながらマイクロバスのレンタル業を行っているが、同時に名うての猟師でもある。さらに狩りだけではなく、調理までをこなす。「シカ肉はいつでも出せるけど、イノシシやクマは予約が必要。仕込むのに手間がかかるんだよ」と笑った。

浴室の脱衣所へ入ると、ほのかに硫黄の香りが漂っていた。引かれている源泉は、アルカリ性の単純硫黄温泉。肌がツルツルになると、女性客に好評のようだ。

湯上がりに待っていたのは、珍しい自家製の山ブドウ酒だった。行芳さんが山に入り採ってきた山ブドウの実を、志津江さんが義母から受け継いだ秘伝の醸造法で仕込んだ果実酒である。色も味も市販の物とは比べものにならないほどに濃厚でコクが深い。「分けてくれないか？」という客もいるが、採れる量が毎年限られているため、食前酒として宿で出す分だけしか造れないという。

「これは常連客だけにしか出さないんだけどね」と主人が見せてくれた大きな袋の中には、天然物のマイタケが入っていた。これを酒に漬け込んで燗《かん》をしていただくらしい。春の山菜と秋のキノコは主人が採り、自家農園の野菜は女将が育てている。温泉もふくめ、まさに大地の恵みを享受できる地産地食の宿である。

■源泉名：尾瀬温泉　戸倉の湯　■湧出量：291ℓ／分、510ℓ／分（動力揚湯）　■泉温：42.8℃　■泉質：アルカリ性単純硫黄温泉　■効能：神経痛、筋肉痛、関節痛、五十肩、うちみ、くじき、慢性婦人病ほか　■温泉の利用形態：加水なし、加温あり、循環ろ過式

尾瀬戸倉温泉　ペンション ゆきみち

〒378-0411　群馬県利根郡片品村戸倉628
TEL.0278-58-7055　FAX.0278-58-7014
電車：JR上越線、沼田駅からバス（約60分）で「戸倉宿」下車。徒歩約1分。
車：関越自動車道、沼田ICより約45分。
■客室：6部屋　■収容人数：15人　■内風呂：男1・女1
■宿泊料金：1泊2食　6,500円～（税別）　■日帰り入浴：夏季のみ可（要問合）

冨士見旅館

尾瀬とともに歩んできた戸倉屈指の老舗旅館

◆尾《お》瀬《ぜ》戸《と》倉《くら》温泉「冨《ふ》士《じ》見《み》旅《りょ》館《かん》」片品村

昭和8（1933）年、尾瀬で釣りを楽しむ人たちの中継地として、アヤメ平に建てられた「冨士見小屋」。戦後の尾瀬ブームが来ると大挙して登山者が訪れるようになり、収容しきれなくなったため、尾瀬の玄関口である戸倉に姉妹館として開業したのが現在の「冨士見旅館」だった。

「冨士見小屋を建てたのは祖父です。今は父と母が管理しています。クローズ中の冬場は、私も雪下ろしに尾瀬に入りますよ」と3代目主人の萩原勇さん。若い頃はスキーの選手として、国内外の大会で活躍した。現在は県スキー連盟の専任理事として、競技の運営や若手の育成に携わっている。玄関ロビーに飾られた数えきれないほどの賞状やトロフィーが、その功績を物語っている。

宿の創業は尾瀬戸倉スキー場（現・スノーパーク尾瀬戸倉）の開設よりも早い昭和30年代。尾瀬戸倉温泉は、スキー場とともに開けた温泉地であるから屈指の老舗旅館である。

「現在使用している源泉は平成になってから掘削したものですが、うちはそれ以前から古い源泉を引き入れて温泉宿として営業していました」

冬のスキー客、夏の登山客やスポーツ合宿の学生たちの疲れを癒やしてきた自慢の湯は、肌にやさしいアルカリ性の硫黄温泉。トロンとした独特の浴感と、ほのかに漂う硫黄の香りに身も心も和んでいく。

源泉の湧出時の温度は約43度。浴槽へ届くまでに温度が下がってしまうため加温がされている。しかし温泉ファンよ、嘆くなかれ！　ちゃんと源泉専用の湯口があり、"生温泉"が注ぎ込まれているのだ。これは、うれしい。何度も何度も手ですくい、その感触と匂いを楽しんでしまった。

■源泉名：尾瀬温泉　戸倉の湯　■湧出量：291ℓ／分（動力揚湯）　■泉温：42.8℃　■泉質：アルカリ性単純硫黄温泉　■効能：神経痛、筋肉痛、関節痛、うちみ、くじき、慢性消化器病、慢性皮膚病ほか　■温泉の利用形態：加水なし、加温あり、放流・循環併用式

尾瀬戸倉温泉　冨士見旅館

〒378-0411　群馬県利根郡片品村戸倉653
TEL.0278-58-7441　FAX.0278-58-7477
電車：JR上越線、沼田駅からバス（約60分）で「戸倉」下車。徒歩約2分。
車：関越自動車道、沼田ICより約45分。
■客室：8部屋　■収容人数：40人　■内風呂：男1・女1
■宿泊料金：1泊2食 7,500円〜（税別）　■日帰り入浴：可

食事の時間
朝食 AM 7:00
夕食 PM 6:00

わかば

第25回 全国中学校スキー大会

尾瀬とスキーのエキスパートが案内する山の宿

◆尾《お》瀬《ぜ》戸《と》倉《くら》温泉「旅《りょ》館《かん》わかば」 片品村

しんしんと雪が降り積もる坂道を上る。玄関のドアを開けると、ファ～っとあたたかな空気に包まれた。赤々と燃えるストーブの暖かさ、そして笑顔で出迎えてくれた主人の温かさ。雪山で山小屋にたどり着いたような安堵を覚えた。

それもそのはず、2代目主人の萩原壮児さんは尾瀬歴60年のベテラン山岳ガイドである。「親戚が山小屋をやっていたからね。5歳の時から尾瀬を歩いているんだ。高校を卒業してからは、夏は山小屋、冬は旅館を手伝っていた」という。

旅館の創業は昭和42（1967）年。以来、スキー客や登山客を案内する宿として営んできた。主人は片品山岳ガイド協会公認ガイド、片品スキースクールSAJ公認インストラクターの資格を持つ、登山とスキーの名人だ。この日も数名の常連スキーヤーが泊まり込んでいた。

芯まで冷えた体を温めに、まずは浴室へ。湯舟を満たす源泉はアルカリ性の硫黄泉。ツルリと肌を滑るなめらかな湯は、ほのかに硫化水素の匂いがする。熱からず、ぬるからず、ちょうど良い湯加減だ。だんだん眠くなっていく。“いい湯は眠くなる”というが本当である。登山もスキーもせずに、ただこの湯だけを目当てに毎年訪れる客がいるのも納得した。

湯上がりのビールをいただきながら、山の幸に舌鼓を打った。アユの塩焼き、野菜の天ぷら、タケノコとこんにゃくの煮物、何種類ものキノコが入ったすき焼きなど、素朴だけど飽きのない味に、箸が止まらなくなってしまった。

食堂の壁一面に飾られているスキー大会の賞状の数々。名前を見れば、息子の学さんと孫の想《こころ》さんのものだった。「以前は全部、オレのだったんだけどね。息子と孫に譲ったんだよ」と相好を崩す主人。女将の映子さんも含め、一家全員が尾瀬とスキーのエキスパートである。

■源泉名：尾瀬温泉　戸倉の湯　■湧出量：291ℓ／分（動力揚湯）　■泉温：42.8℃　■泉質：アルカリ性単純硫黄温泉　■効能：神経痛、関節痛、筋肉痛、肩こり、腰痛、運動まひ、冷え性ほか　■温泉の利用形態：加水なし、季節により加温あり、放流・循環併用

尾瀬戸倉温泉　旅館わかば

〒378-0411　群馬県利根郡片品村戸倉651
TEL.0278-58-7541　FAX.0278-58-7565
電車：JR上越線、沼田駅からバス（約60分）で「戸倉宿」下車。徒歩約2分。
車：関越自動車道、沼田ICより約45分。
■客室：9部屋　■収容人数：36人　■内風呂：男1・女1
■宿泊料金：1泊2食 6,500円～（税別）　■日帰り入浴：可

山遇楽 内部

山遇楽 内部

尾瀬を知り尽くした主人の手造り資料館

◆尾《お》瀬《ぜ》戸《と》倉《くら》温泉「ロッジまつうら」片品村

温泉街の中心、シャレた外観が目を引く。真新しさを感じるが、尾瀬戸倉温泉でも歴史の古い老舗宿である。

創業は昭和37（1962）年。尾瀬戸倉スキー場（現・スノーパーク尾瀬戸倉）が開設された年に、先代が自宅の茅葺《かやぶ》き民家を改造して「松浦旅館」を始めた。その後、同40年代に木造の旅館に建て替えられ、平成5年に現在のロッジへとリニューアルした。

「親父は農家のかたわら、尾瀬の山小屋へ荷物を運ぶ馬方の仕事をしていました。ですから私も中学を卒業すると、すぐに家業を手伝いました」と2代目主人の松浦和男さんは、セピア色した古い尾瀬の写真を指さしながら話し出した。

尾瀬とともに暮らして約60年。長年、片品山岳ガイド協会の会長も務めている。案内されたのは、宿から歩いて数分の場所にある「山遇楽（やまぐら）」と名付けられた尾瀬の資料館。平成17年に、自ら育てた木を切り出して建てた主人の集大成ともいえる建物だ。館内には、尾瀬の歴史や自然を写した写真や狩りで仕留めた鳥獣の毛皮や剥製《はくせい》が展示されている。

冷えた体を温めに宿にもどり、湯をいただくことに。やさしい木の香りが漂う吹き抜け玄関から2階の浴室へ。pH値9・6という強アルカリ性の良質な硫黄温泉が待っていた。肌にまとわり付くような浴感は、かなり個性的だ。湯舟から手を出すと、まるでワックスを塗ったようにコロコロと湯の玉が弾かれていく。

長い間、尾瀬の登山客をはじめ、冬のスキー客や夏のスポーツ合宿をする学生たちを癒やしてきた湯である。自然に感謝しながら、ありがたく浸からせていただいた。

尾瀬の資料館『山遇楽（やまぐら）』
一般開館時間　9:00～16:00
入館料　大人 200円　小人 100円

■源泉名:尾瀬温泉　戸倉の湯　水芭蕉の湯　■湧出量:291ℓ／分、510ℓ／分（動力揚湯）　■泉温:42.8℃、28.7℃　■泉質:アルカリ性単純硫黄温泉　■効能:神経痛、筋肉痛、関節痛、打ち身、くじき、慢性消化器病ほか　■温泉の利用形態:加水なし、季節により加温あり、循環ろ過式

尾瀬戸倉温泉　ロッジまつうら

〒378-0411　群馬県利根郡片品村戸倉609
TEL.0278-58-7341　FAX.0278-58-7320
電車:JR上越線、沼田駅からバス（約60分）で「戸倉」下車。徒歩約1分。
車:関越自動車道、沼田ICより約45分。
■客室:15部屋　■収容人数:60人　■内風呂:男1・女1
■宿泊料金:1泊2食　7,000円～（税別）　■日帰り入浴:可（要問合）

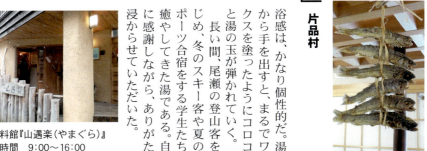

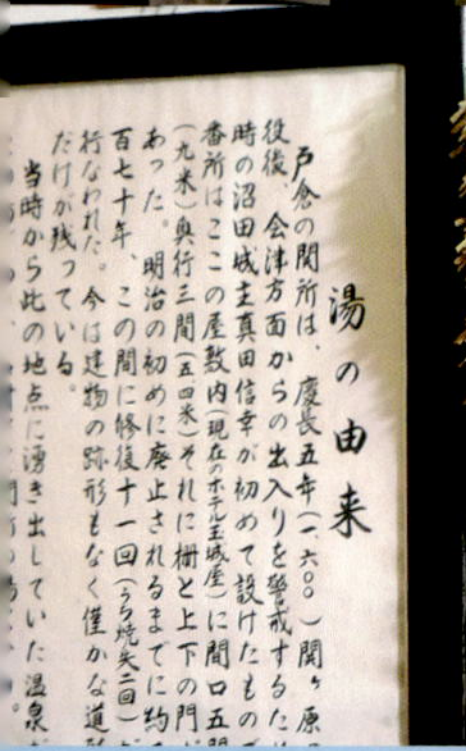
湯の由来
戸倉の関所は、慶長五年(一六〇〇)関ヶ原
役後、会津方面からの出入りを警戒するた
時の沼田城主真田信幸が初めて設けたもの
番所はここの屋敷内(現在のホテル玉城屋)に間口五
(九米)奥行三間(五四米)それに柵と上下の門
あった。明治の初めに廃止されるまでに約
百七十年、この間に修復十一回(うち焼失二回)
行なわれた。今は建物の跡形もなく僅かな道
だけが残っている。
当時から此の地点に湧き出していた温泉

COFFEE

旅籠の時代から300年の歴史を刻む老舗宿

◆尾瀬戸倉温泉《おぜとくら》「ホテル玉城屋《たまきや》」片品村

宿の玄関前に「戸倉関所跡」という石碑が立っている。石碑の裏面に刻まれた文言によれば、戸倉の関所は慶長5（1600）年、関ヶ原の戦後、会津方面からの出入りを警戒するために、ときの沼田城主、真田信幸が設けたもので、番所は現在の「ホテル玉城屋」の敷地内にあったとのこと。明治維新に廃止されるまで約270年間にわたり存続したという。

「創業は定かではないのですが、私で16代目と聞いています。先祖は関所の番人をしていたのかも知れませんね（笑）。代々、ここ会津街道で旅籠《はたご》を営んでいたようです」と、

資料を広げながら話す主人の萩原繁司さん。8代前の先祖は有名な書家の萩原賢和であり、その後3代書家の続いた名家である。

　賢和は宝暦9（1759）年、戸倉生まれ。萩原家は代々私塾を営み、賢和は幼少より聡明で、読書を好み、父・伝左衛門について修業した。14歳の時、郷里を出て、山田郡大間々町（現・みどり市）の書家、長沢宇勝の門をたたき、書道を研究。さらに江戸へ出て、深川の三井真和の門に入った。後に師のもとを離れ、諸国を漫遊して書蹟を残した。

　有名なものでは都内虎の門の鬼門除けの額、長野県諏訪神社の幟《のぼり》などがある。もちろん村内にも賢和の筆による庚申塔などが多く、館内には賢和の書や掛け軸がいくつも展示されている。

　浴室の前に関所と温泉の由来が記されていた。〈明治初年に廃止されるまでおよそ二百七十年の間二回の焼失にあい修復する事十一回に及んだが、（中略）この地に湧きだしていた温泉が、この湯であり名付けて関所の湯と称する〉。

　湯はトロンとして肌にまとわりつき、やわらかい。その昔、いくつもの峠を越え、歩きつづけて来た旅人たちの疲れを癒やした湯である。時代は変わったが、湯を求める人々の心は、昔も今も変わってはいない。

■源泉名：戸倉温泉　尾瀬の湯　■湧出量：139ℓ／分（動力揚湯）　■泉温：24.1℃　■泉質：アルカリ性単純温泉　■効能：神経痛、筋肉痛、関節痛、五十肩、慢性消化器病、冷え性ほか　■温泉の利用形態：加水なし、加温あり、循環ろ過式

尾瀬戸倉温泉　関所の湯 湯元 ホテル玉城屋

〒378-0411　群馬県利根郡片品村戸倉604
TEL.0278-58-7211　FAX.0278-58-7009
電車：JR上越線、沼田駅からバス（約60分）で「戸倉」下車。すぐ前。
車：関越自動車道、沼田ICより約45分。
■客室：26部屋　■収容人数：120人　■内風呂：男1・女1
■宿泊料金：1泊2食 9,000円～（税別）　■日帰り入浴：可

女性入浴中
貸切入浴中
ています

四季亭

温泉やど
四季亭

細やかなもてなしに心が温まる小さなお宿

◆尾瀬戸倉温泉《おぜとくら》「温泉《おんせん》やど 四季亭《しきてい》」

片品村

「女将さんの言うとおり、本当に雪になりましたね」。

そう告げると、私は真っ先にストーブにあたった。事前に連絡を入れた際に、「雪になるかもしれませんよ。お気を付けてお越しください」と言われていたことを思い出したのである。尾瀬戸倉温泉は、片品村最北の温泉地。片品温泉を過ぎたあたりから、急に激しく車のフロントガラスを雪が降りつけてきた。

客室は、たった5部屋。女将の萩原美代子さんと娘の沙紀さんの2人だけで切り盛りしている小さな宿だ。平成11年に親戚が営んでいた宿を受け継いだ。それ以前は温泉街で義父母が経営するみやげ物屋と弁当屋を手伝っていたという。

「私の実家は農家だし、結婚前は銀行員をしていました。まったくの素人が宿を始めることに不安はありましたが、義母の勧めと応援があったので、なんとかやって来れました」と笑う。その義母も4年前に他界。以来、娘さんと二人三脚で小さいながら木目の細かいもてなしを大切にしながら、旅人を癒やしてきた。

とにもかくにも、まずは冷えた体を温めたくて浴室へ向かった。浴室は内風呂が1つあるだけ。入り口には「空いてます」「男性入浴中」「女性入浴中」「貸切入浴中」と4枚の札がかかっている。これを利用する客が目的に合わせて掲示する。引かれている湯は、尾瀬戸倉温泉に湧く源泉の中でもpH10・1という最もアルカリ度が高い温泉だ。トロリとしたやさしい肌触りで、全身に満遍なく染みわたる。

湯上がりのビールとともにいただいた素朴な家庭料理の品々。トマトのチーズ焼きやヤマメの唐揚げなど地の物を使い、一つ一つの味が丁寧に仕上げられている。締めの「舞《まい》茸《たけ》ごはん」は、弁当屋時代に義母から受け継いだ人気のメニュー。この味恋しさに、今でも昔の常連客が訪れるという。

窓の外は、しんしんと雪が降り続いていた。料理と酒と女将の笑顔に酔いしれた夜だった。

■源泉名：戸倉温泉　尾瀬の湯　■湧出量：139ℓ／分（動力揚湯）　■泉温：25.7℃　■泉質：アルカリ性単純温泉　■効能：神経痛、関節痛、筋肉痛、五十肩、冷え性、慢性消化器病ほか　■温泉の利用形態：加水なし、加温あり、循環ろ過式

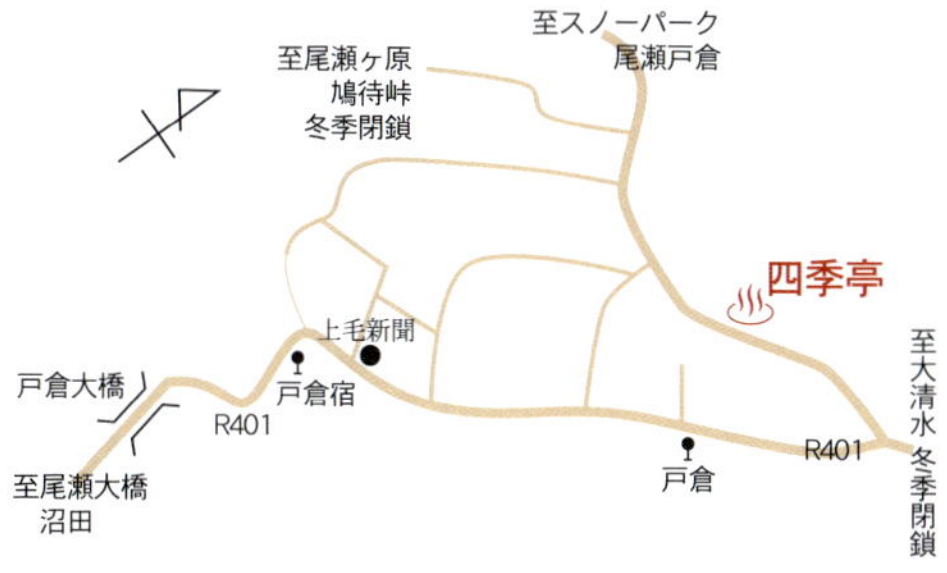

尾瀬戸倉温泉　温泉やど　四季亭

〒378-0411　群馬県利根郡片品村戸倉558
TEL.0278-50-5060　FAX.0278-50-5061
電車：JR上越線、沼田駅からバス（約60分）で「戸倉」下車。徒歩約5分。
車：関越自動車道、沼田ICより約45分。
■客室：5部屋　■収容人数：19人　■内風呂：1（貸切可）
■宿泊料金：1泊2食 8,000円～（税別）

美肌効果抜群のオイル浴と整体マッサージ

◆尾瀬戸倉温泉《おぜとくらおんせん》「尾瀬《おぜ》の宿《やど》 いさ」 片品村

なんという、浴感だろう！まるでオリーブオイルの中に身を沈めているよう。湯舟の中で体をさすった時のヌルヌルとした感触は、他に類をみない衝撃だった。ほのかに香る硫黄温泉特有の匂いにも癒やされる。

勇気を出して、雪の舞い散る露天風呂へ。デッキから覗《のぞ》き込むと、先ほど上ってきた坂道が見えた。湧き水を流しているため、そこだけ雪が積もっていない。雪国ならではの光景に、しばし寒さを忘れて見入っていた。

創業は昭和37（1962）年。先代の才二さんが民宿「美山荘」を開業した。

「戦後、私の祖父は尾瀬で山小屋をやっていました。山小屋は長男の伯父が継いで、次男の父は勤め人をしていましたが、尾瀬戸倉スキー場のオープンに合わせて宿屋を始めたと聞いています」と、2代目主人の萩原勲さんがビールを注ぎながら話し出した。

夕げの食卓には、マイタケのバター炒めやコンニャクやニンジンの煮物、地元で「つめっこ」と呼ばれる郷土料理のすいとん鍋など素朴な山の幸が並んだ。

「これは特別です。いつも出るとは限りません。たまたま猟で仕留めたものですから」と主人が差し出した皿には、ローストされた鹿肉のタタキが盛られていた。聞けば、背ロースの部分は希少で、猟師仲間でも取り合いになるほどの美味だという。実際、食してみると臭みがなく、やわらかな風味は牛肉にも優るものだった。

主人は猟師でもあるが、尾瀬保護財団認定の自然・登山ガイドでもある。また独学で整体の研究を続けており、スキーや登山帰りの客たちにマッサージも行っている。

「痛、イタタタター！」。話の都合上、突然、主人に足裏をもみほぐされて悲鳴を上げてしまったが、徐々に雪の温泉街で酷使した足がほぐされ、軽くなっていくのが分かる。湯と食と人に癒やされた一夜だった。

■源泉名：尾瀬温泉　戸倉の湯　■湧出量：304ℓ／分（動力揚湯）　■泉温：43.8℃　■泉質：アルカリ性単純硫黄温泉　■効能：神経痛、関節痛、筋肉痛、運動まひ、冷え性、五十肩ほか　■温泉の利用形態：加水なし、季節により加温あり、循環ろ過式

尾瀬戸倉温泉　尾瀬の宿 いさ

〒378-0411　群馬県利根郡片品村戸倉600
TEL.0278-58-7001　FAX.0278-58-7081
電車：JR上越線、沼田駅からバス（約60分）で「戸倉」下車。徒歩約1分。
車：関越自動車道、沼田ICより約45分。

■客室：13部屋　■収容人数：54人　■内風呂：男1・女1　■露天風呂：男1・女1（冬季休業）　■宿泊料金：1泊2食7,500円〜（税別）　■日帰り入浴：可（要問合）

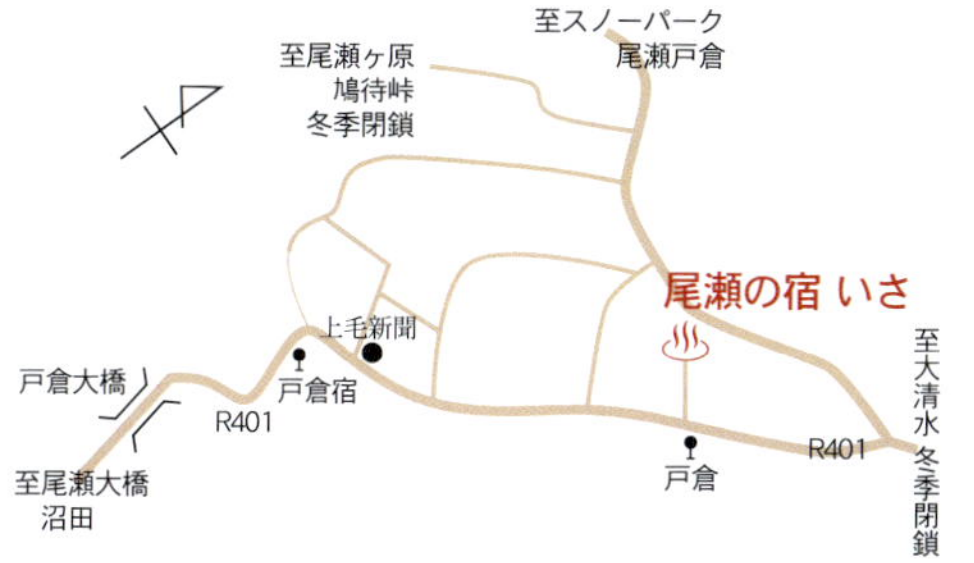

ゆ

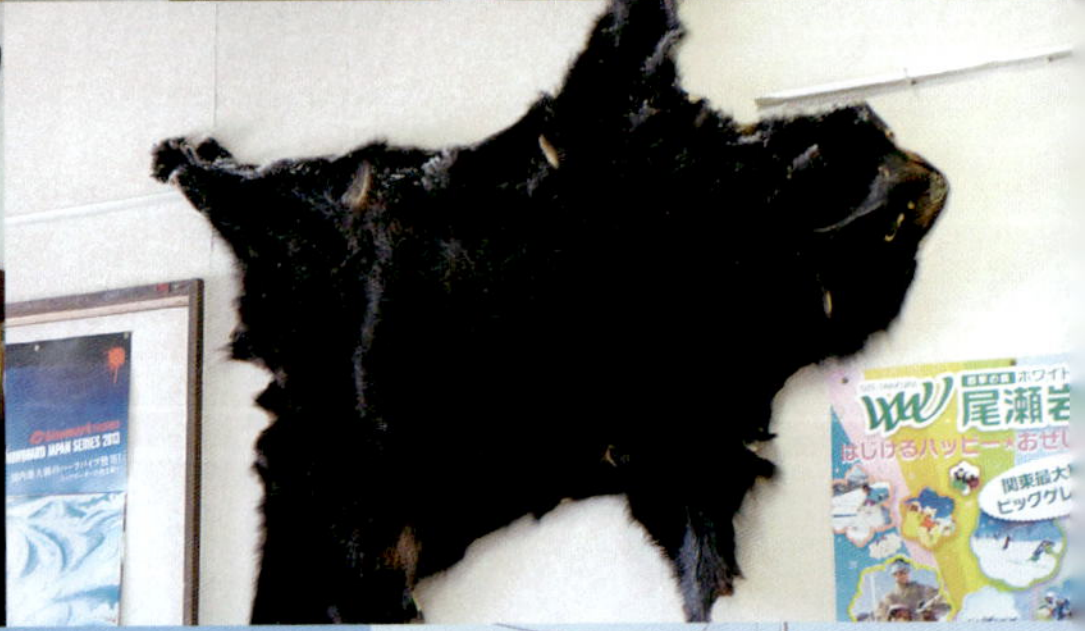

マルイ旅館

温泉入浴歓迎
マルイ旅館

あたたかな雰囲気と山菜料理に魅せられて

◆尾《お》瀬《ぜ》戸《と》倉《くら》温泉「マルイ旅《りょ》館《かん》」片品村

ロビーに入ると、シカやクマの剥製《はくせい》、毛皮が目に付いた。館内は野趣にあふれた山小屋風。さぞかし精悍《せいかん》な主人が現れるのかと思えば、笑顔をたたえた柔和な風貌に驚いた。「私は猟はやりません。みんな親父が獲ったものです。釣りや山菜、キノコ採りなど、このあたりでは〝名人〟と呼ばれていた人でした」と2代目主人の萩原信男さん。

宿の創業は尾瀬戸倉スキー場（現・スノーパーク尾瀬戸倉）がオープンした昭和37（1962）年。林業を営んでいた先代が、スキー客の宿泊施設として開業した。旅館名の「マルイ」は代々伝わる萩原家の紋章（丸に片仮名の「イ」の字）に由来する。

「猟と釣りの名人芸は継げませんでしたが、山菜だけは私が山へ入って、お客さまをもてなしています」と、小皿に盛られた手作りの「きゃらぶき」をごちそうになった。ほど良い歯ごたえと、甘辛い風味。大人になってから好きになった山の味だ。聞けば、山に入って一日、湯がいて一日、煮て味を調えるのに一週間以上も手間がかかっているという。

「ワラビもフキも栽培してみたけど、やっぱり天然物にはかなわない。山菜は、その季節だけに味わえる山のごちそうだよね」と笑った。流通が発達した現在、どこにいても日本中のおいしい物が手に入るが、やはり、その土地で食べる旬の味が一番である。

ブルーのタイル張りが目に鮮やかな、清潔感あふれる浴槽に身を沈めていると、昔、家族で歩いた尾瀬ヶ原の風景がよみがえってきた。ミズバショウ、タテヤマリンドウ、ヒメシャクナゲ……。浴室のタイルに描かれた草花の絵を眺めながら、はるかな記憶をたどっていた。

■源泉名：尾瀬温泉　戸倉の湯　■湧出量：291ℓ／分（動力揚湯）　■泉温：42.8℃　■泉質：アルカリ性単純硫黄温泉　■効能：神経痛、筋肉痛、関節痛、運動まひ、五十肩、慢性消化器病ほか　■温泉の利用形態：加水なし、加温あり、循環ろ過式

尾瀬戸倉温泉　マルイ旅館

〒378-0411　群馬県利根郡片品村戸倉591-2
TEL.0278-58-7015　FAX.0278-58-7662
電車：JR上越線、沼田駅からバス（約60分）で「戸倉上」下車。徒歩約1分。
車：関越自動車道、沼田ICより約45分。
■客室：16部屋　■収容人数：65人　■内風呂：男1・女1
■宿泊料金：1泊2食 7,000円〜（税別）

肝っ玉母さんの跡を継ぐ手作り料理が評判の宿

◆東《ひがし》小《お》川《がわ》温泉 「おおくら荘《そう》」 片品村

通称「とうもろこし街道」。片品村の中心から日光へ抜ける国道120号沿いには、夏になるとトウモロコシをはじめ、高原野菜などの農産物直売所が軒を連ねる。いつも、この道を通るたびに気になる宿があった。東小川温泉の一軒宿、「おおくら荘」だ。看板の温泉地名と宿名の間に書かれた〝源泉〟の文字が、温泉好きの好奇心をくすぐる。

「この街道筋は、栃木県の県境まで〝東小川〟なんですよ。両親が最初に始めた宿の字名が〝大沢〟で、私の旧姓が〝倉田〟。だから『おおくら荘』なんです」と、屈託ない笑顔で迎えてくれた2代目女将の矢内洋子さん。女将は、ここ東小川で生まれ育った。

平成元年に現在地の〝宮の下〟に移転。その4年後に、両親を手伝うために宿に戻ったという。

「母は体格もよく、常連からは〝肝っ玉母さん〟と呼ばれた名物女将でした。今でも母を知る方々が、なつかしんで訪ねて来られるんですよ」と、他界して十年以上経つ先代女将のとく子さんの思い出を語る。そして街道筋で愛され続けてきた、あったか人情と直伝の手作り料理は、母から娘へと受け継がれていた。

昔から米が採れなかった土地。粉食文化が根強い片品での郷土料理といえば「つめっこ」だ。いわゆる〝すいとん〟のこと。白菜やゴボウ、キノコなど地元野菜をふんだんに煮込んだ冬のごちそうである。小麦粉に重曹を入れてふっくらと焼き上げた「たらし焼き」は、ネギみそや砂糖じょうゆでいただく素朴なおやつ。この味を目当てに、毎年訪れる常連客も少なくない。

タイル張りの浴槽は民宿にしては大きく、手足をのばせて心地よい。アルカリ性のやわらかい湯が、全身を包み込む。窓の外に目をやると、白樺の梢《こずえ》が高原の風に揺れていた。なんとも癒やされる風景である。

■源泉名：東小川温泉　宮の下源泉　■湧出量：140ℓ/分（動力揚湯）　■泉温：28℃　■泉質：アルカリ性単純温泉　■効能：神経痛、筋肉痛、関節痛、五十肩、運動まひ、冷え性、慢性消化器病ほか　■温泉の利用形態：加水なし、加温あり、放流・循環併用

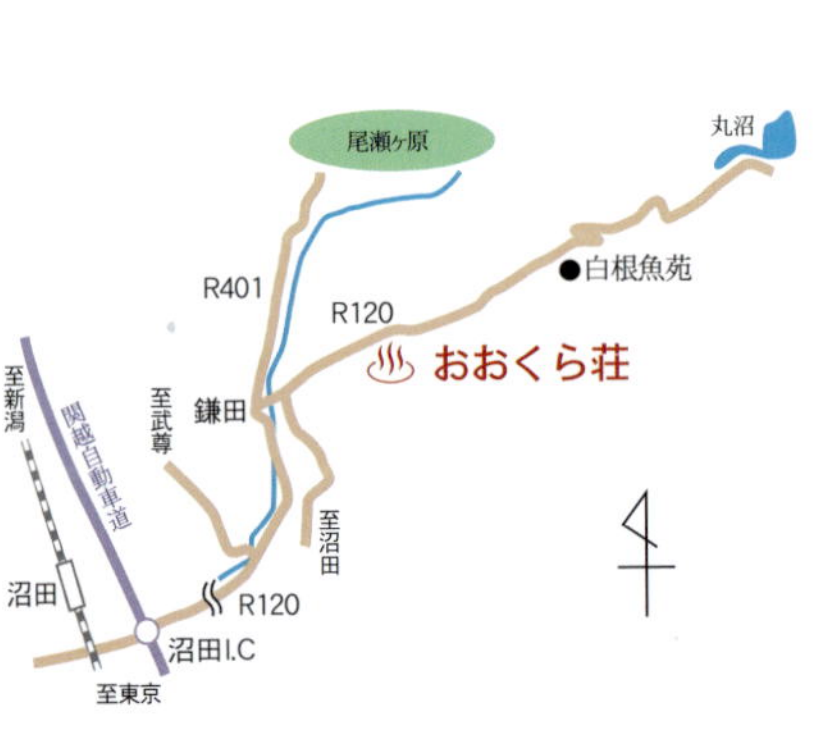

東小川温泉　源泉　おおくら荘

〒378-0414　群馬県利根郡片品村東小川489
TEL.0278-58-2444　FAX.0278-58-3803
電車：JR上越線、沼田駅からバス（約40分）で「鎌田」下車。宿泊送迎あり。
車：関越自動車道、沼田ICより約35分。
■客室：13部屋　■収容人数：60人　■内風呂：男1・女1　■宿泊料金：1泊2食　6,800円～（税別）　■日帰り入浴：夏季のみ可（要問合）

非常口
ゆ
ASAHI SOFT DRINKS
WONDA
ゆ

おおくら荘
おおくら荘

東小川温泉 源泉
おおくら荘
TEL 0278(58)2444

白根温泉
加羅倉館
白根温泉

あちこちから源泉が湧く湯守の宿

◆白根温泉《しらね》「加羅倉館《からくらかん》」片品村

「白根」と聞くと、群馬県民は草津白根山を思い浮かべる人が多いが、ここ白根温泉は日光白根山のふもとに湧く温泉である。そして一度聞いたら忘れられない「加羅倉館」という宿名も白根山系の尾根名に由来する。その加羅倉尾根と赤沢山の谷間を流れる清流、大滝川沿いに一軒宿はある。

「シャワーだけは圧力をかけているけど、ボイラーやモーター類は一切使用していません。源泉の温度が約60度と高いので、温度管理が難しいんですよ」。そう言って、5代目湯守《ゆもり》（管理人）の入澤眞一さんが、源泉の湧出場所を見せてくれたことがあった。

白根温泉には13本の源泉が自噴している。そのうち使用しているのは、たった4本だけ。男湯に1本、女湯に1本、シャワーに1本。そして厨房《ちゅうぼう》に1本。それでも使い切れずに、半分以上が川へ流れてしまっているという。なかには山の中で、人知れずゴボゴボと湧き出している源泉もあり、まさに“源泉たれ流し”状態だった。世の中には少ない湯量を循環して使っている温泉宿が数多くあるというのに、なんと贅《ぜい》沢《たく》なことだろう。

泉質は弱アルカリ性の単純温泉。源泉の温度が高いため多少の加水をしているが、それでも十分に熱い！「熱くて沈めない」と嘆く客もいるらしいが、徐々に体を慣らしながら入れば、ツーンと骨の髄までしみ入るような浴感に身も心も癒やされていく。

早朝6時前、浴場へ行くと入澤さんが長い竿《さお》のようなパイプを湯舟に入れて作業をしていた。沈殿した湯の花を取り除いているのだという。「湯の花が咲くのは温泉が本物の証拠。でも綺麗《きれい》な湯に気持ち良く入ってもらいたいからね」と毎日、湯の花取りの清掃を欠かさない。今日も湯守としての入澤さんの一日が始まった。

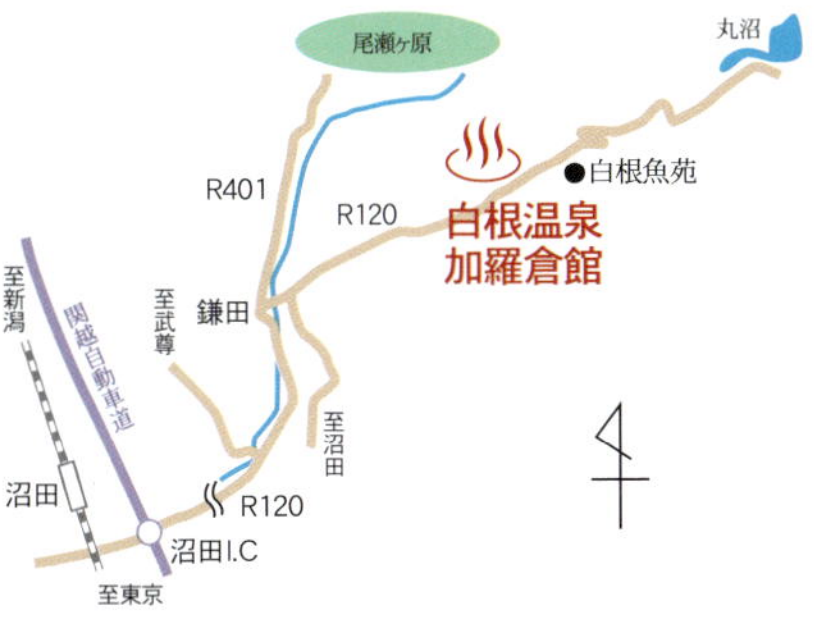

■源泉名：白根温泉　上乃湯1号　■湧出量：600ℓ／分（動力揚湯）　■泉温：61.5℃　■泉質：単純温泉　■効能：神経痛、筋肉痛、関節痛、慢性消化器病、冷え性ほか　■温泉の利用形態：高温のため加水あり、加温なし、完全放流式

白根温泉　加羅倉館

〒378-0414　群馬県利根郡片品村東小川4653-21
TEL.0278-58-2251　FAX.0278-58-4400
電車：JR上越線、沼田駅からバス（約40分）で「鎌田」下車。宿泊送迎あり。
車：関越自動車道、沼田ICより約40分。
■客室：7部屋　■収容人数：30人　■内風呂：男1・女1
■宿泊料金：1泊2食 8,000円～（税別）　■日帰り入浴：可

もう一つの百名山を眺める天空の露天風呂

◆座禅《ざぜん》温泉「シャレー丸沼《まるぬま》」 片品村

標高約1400メートル、ロングシーズン滑走可能なスキー場として知られている丸沼高原スキー場。ゲレンデの奥に赤い屋根がひと際目を引く、ロッジ形式のモダンな宿が建っている。昭和49（1974）年のスキー場開設と同時に創業した「シャレー丸沼」である。

「冬はスキー客、それ以外の季節は登山の宿泊客が多く訪れます。日光白根山は、いくつかの登山口がありますが、丸沼高原からのコースは比較的登頂がやさしいため、中高年ハイカーに人気があります」と支配人の横坂治良さん。

関東以北の最高峰、日光白根山（2578m）は「日本百名山」に数えられているため、初夏ともなると全国から登山者がやって来る。ロープウェイで標高約2000メートル地点まで行け、山頂までの往復が約5時間と手軽に歩けるのが人気のようだ。また周辺には男体山、皇海《すかい》山、武尊《ほたか》山などの百名山があるため、連泊して複数の山を登るハイカーも多いという。ちなみに座禅温泉の名は、日光白根山の外輪山「座禅山」に由来する。

源泉は約60度と高温。内風呂のヒノキ風呂は、ほのかに温泉臭のする黄緑色の薄にごり湯が、

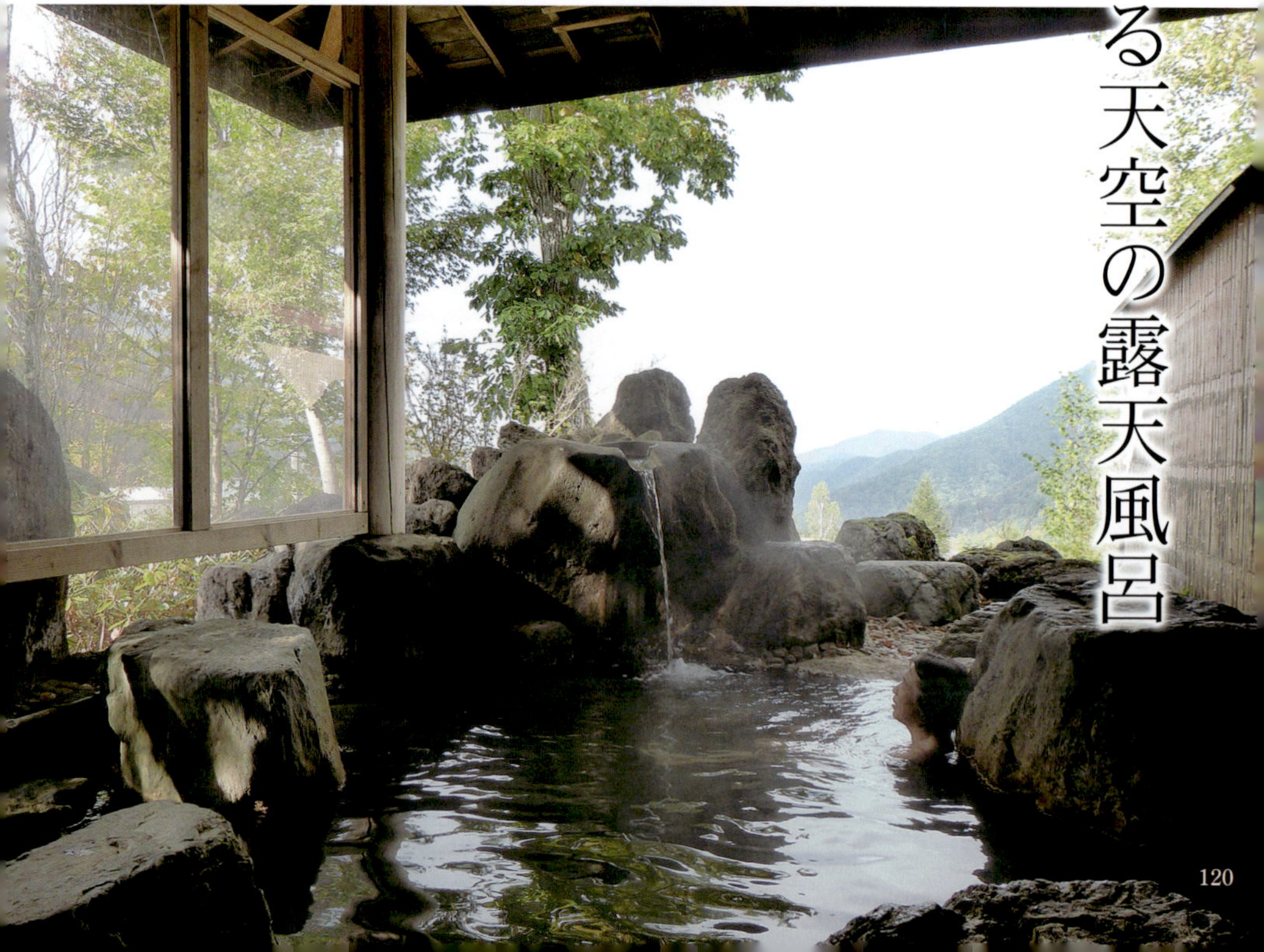

惜しみなくかけ流されている。湯口に白い石灰華《せっかいか》が付着しているのは、カルシウムを多く含んでいる証拠。シットリとした滑らかな浴感を堪能した。一方、露天風呂は巨石を配した庭園風。青天井のもと、周囲の山々を一望することができる。

訪れたのは10月。かすかに色づき出したモミジの葉が、湯けむりと一緒に風に揺れていた。湯舟から立ち上がり西方を眺めると、遠方に日本百名山の武尊山の雄姿がそびえている。山心をくすぐる、ハイカー御用達の温泉宿である。

■源泉名：座禅温泉　菅沼1号　■湧出量：117ℓ／分（動力揚湯）　■泉温：58.8℃　■泉質：ナトリウム・カルシウム－硫酸塩・炭酸水素塩温泉　■効能：動脈硬化症、切り傷、やけど、慢性皮膚病ほか　■温泉の利用形態：加水なし、加温なし（露天風呂はあり）、完全放流式（露天風呂は循環式）

座禅温泉　シャレー丸沼

〒378-0497　群馬県利根郡片品村東小川4658-58
TEL.0278-58-4300　FAX.0278-58-3646
電車：JR上越線、沼田駅からバス（約40分）で「鎌田」下車。バス（約30分）で「丸沼高原」下車。徒歩約1分。
車：関越自動車道、沼田ICより約45分。

■客室：20部屋　■収容人数：70人　■内風呂：男1・女1　■露天風呂：男1・女1　■宿泊料金：1泊2食 9,400円～（税別）※ロープウェイ往復券付き宿泊登山パックあり
■日帰り入浴：可

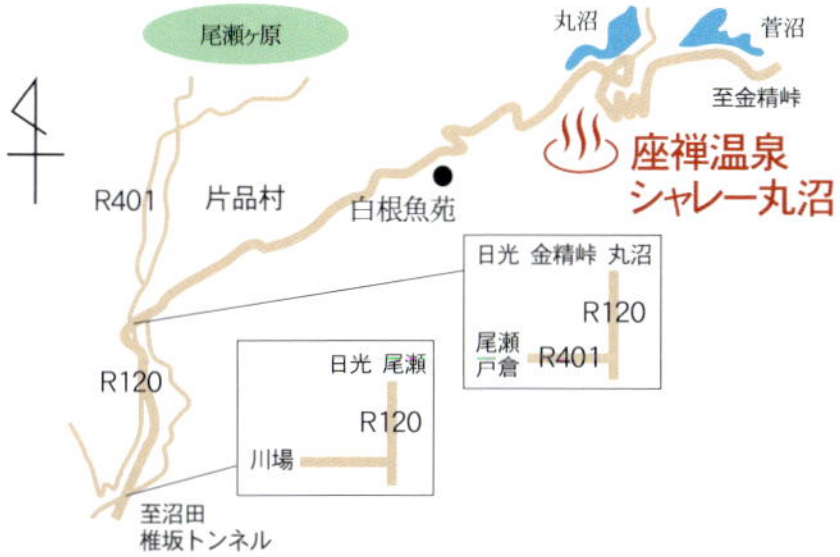

コバイケイソウ
7月 ツガザクラ
7月
シラネアオイ
7月 ヒメシャジン

白根山荘

ひとり旅大歓迎！シングルユースにやさしい宿

◆座禅《ざぜん》温泉「白根山荘《しらねさんそう》」片品村

標高約1400メートルの高原から全長2500メートルのロープウェイに乗って約15分。標高2000メートルの山頂駅に着いた。真正面にそびえる日光白根山（2578m）は関東以北の最高峰。「日本百名山」に選ばれていることもあり、ハイカーに絶大の人気を誇る。

展望台には「天空の足湯」が設けられ、大勢の登山客らでにぎわっていた。眼下には絶景の大パノラマ！　遠く峰々の向こうには、もう一つの百名山、武尊《ほたか》山の雄姿までもが望めた。足湯を楽しむ人々を眺めていたら、無性に温泉が恋しくなってきた。どうせなら、ゆっくりと肩まで浸かりたいものである。早々に下山して、白根山荘へ直行した。

「うちは"ナイナイづくし"の宿なんですけどね。そのぶん、料理は手を抜かずに家庭的なサービスでもてなしています」とサービス担当の儘田靖夫さん。スキー客や登山者の増加に伴い、平成元年にシャレー丸沼の姉妹館として建てられた施設とのこと。あちらが団体やファミリー層を対象に営業しているのに対して、こちらはシングルユースやカップルなどの個人を専門に受け入れている。それで「ゲレンデから遠い（近くない）」「露天風呂がない」「広い部屋がない（ツインルームのみ）」ことを、"ナイナイづくし"と言ったらしい。

しかし近年、中高年や若い女性を中心に一人旅を楽しむ人たちが増えている。とかく一人旅は敬遠されがちであるが、ここは違う。シングルユースでも平日ならば、割り増し料金なしに1室利用できるのだ（休日前はプラス料金あり）。

湯上がりに食堂へ行くと、登山客らが和気あいあいに夕げのひとときを過ごしていた。互いに明日登る白根山の情報を交換しているようだった。窓の外の暮れなずむ高原は、すっかり秋色に染まっていた。私もほてる体に、キーンと冷えた地酒を流し込んだ。

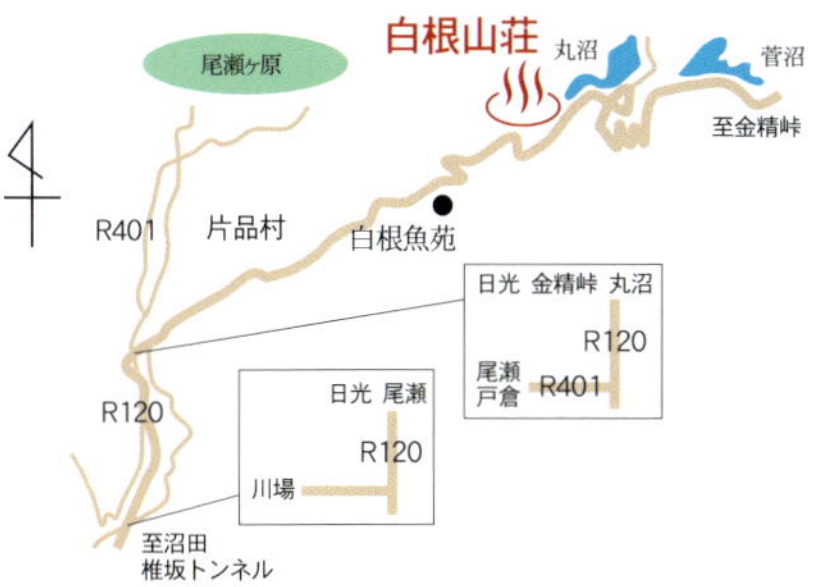

■源泉名：座禅温泉　菅沼1号　■湧出量：117ℓ／分（動力揚湯）　■泉温：58.8℃　■泉質：ナトリウム・カルシウム－硫酸塩・炭酸水素塩温泉　■効能：切り傷、やけど、動脈硬化症、慢性皮膚病ほか　■温泉の利用形態：加水なし、加温なし、放流・循環併用

座禅温泉　白根山荘

〒378-0497　群馬県利根郡片品村東小川4658-58
TEL.0278-58-4300　FAX.0278-58-3646
電車：JR上越線、沼田駅からバス（約40分）で「鎌田」下車。バス（約30分）で「丸沼高原」下車。徒歩約2分。
車：関越自動車道、沼田ICより約45分。
■客室：20部屋　■収容人数：40人　■内風呂：男1・女1
■宿泊料金：1泊2食 8,400円～（税別）※ロープウェイ往復券付き宿泊登山セットあり。

けれん味のない湖水のように澄んだ湯の流れ

◆丸沼《まるぬま》温泉「環湖荘《かんこそう》」 片品村

湖煎好山潤
雲迎佳客来

日光国立公園のなかにある神秘的な湖、丸沼のほとりに建つ和風建築の宿。重厚なたたずまいを見せる玄関の両脇に、冒頭の漢詩が刻まれている。

「"湖は好山を潤して広し、雲は佳客を迎え来る"という意味らしいです。創業時、この彫刻を飾るために玄関は設計されたと聞いています」と、支配人の井上勝さんが教えてくれた。井上さんとは、かれこれ10年以上の付き合いになる。訪ねるたびに彫刻は目にしていたが、この日、私は初めていわれを聞いた。

字は書家の松本芳翠、彫刻は篆刻《てんこく》家の中村蘭台の作品。ともに明治から大正、昭和にかけて活躍した大家である。「今では、いったいいくらするのか、値がつけられないほどのお宝のようですよ」と笑った。

昭和8（1933）年、丸沼観光ホテルとして創業。明治時代に沼の持ち主が客人をもてなす別荘として建てたのが「環湖荘」だった。戦後のレジャーブームによって誕生した温泉地が多い片品村のなかで、戦前から湯

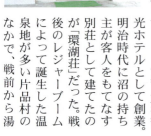

量豊富な温泉宿として知られていた丸沼温泉。標高１４３０メートル、原生林に囲まれた湖畔に建つ一軒宿は、この大自然をひとりじめする絶景の秘湯である。

館内には男女別の内風呂と貸切風呂を含め、４つの浴室がある。それでも自噴する毎分約３００リットルという恵まれた湯は使い切れずに、湖へと放流されている。その流れ込んだ温泉の塩分を目当てに、たびたび野鹿がやって来るという。そして地味が肥えた丸沼は、ニジマスやイワナ、ヤマメなどが数多く生息し、県内屈指の釣りのメッカとしても人気が高い。

宿自慢の大浴場「ニジマス風呂」には、名前どおりに巨大水槽の中でニジマスが泳いでいる。けれん味のない湖水のように澄んだ湯に身を沈めていると、自分も魚になった気分になり、ついつい泳ぎたくなってしまった。

■源泉名：丸沼温泉　1号泉・2号泉の混合泉　■湧出量：300ℓ／分（自然湧出）　■泉温：47℃　■泉質：単純温泉■効能：神経痛、筋肉痛、関節痛、皮膚病、冷え性、婦人病ほか　■温泉の利用形態：加水なし、加温なし、完全放流

丸沼温泉　環湖荘

〒378-0414　群馬県利根郡片品村東小川4658-7
TEL.0278-58-2002　FAX.0278-58-2351
電車：JR上越線、沼田駅からバス（約40分）で「鎌田」下車。宿泊送迎あり。
車：関越自動車道、沼田ICより約60分。

■客室：43部屋　■収容人数：170人　■内風呂：男1・女1・貸切2　■宿泊料金：1泊2食 11,000円～（税別）
■日帰り入浴：可 ※営業期間／４月下旬～11月中旬

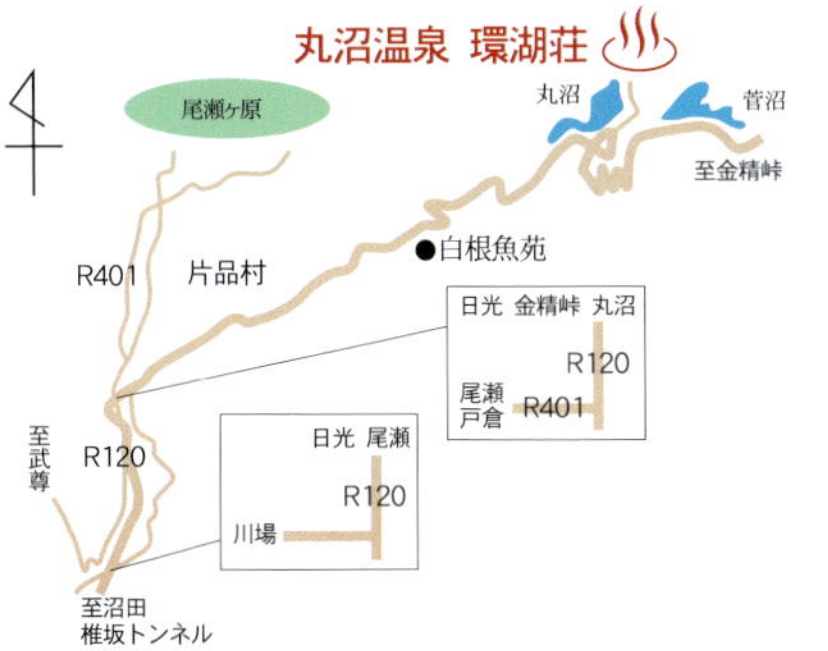

30	子宝の湯 しおじり	利根郡片品村越本626-1	0278-58-2328	p76
31	旅館みさわ	利根郡片品村土出59-2	0278-58-7231	p78
32	湯元千代田館	利根郡片品村土出21	0278-58-7041	p80
33	みよしの旅館	利根郡片品村土出1957-1	0278-58-7550	p82
34	旅館こばやし	利根郡片品村土出2330	0278-58-7339	p84
35	さつき荘	利根郡片品村土出46	0278-58-7407	p86
36	旅館うめや	利根郡片品村土出122-1	0278-58-7337	p88
37	水芭蕉の宿 ひがし	利根郡片品村土出1243	0278-58-7181	p90
38	尾瀬岩鞍リゾートホテル	利根郡片品村土出2609	0278-58-7131	p92
尾瀬戸倉温泉				
39	旅館みゆき	利根郡片品村戸倉248-1	0278-58-7531	p94
40	旅館山びこ	利根郡片品村戸倉268	0278-58-7546	p96
41	ふじや旅館	利根郡片品村戸倉670	0278-58-7130	p98
42	ペンションゆきみち	利根郡片品村戸倉628	0278-58-7055	p100
43	冨士見旅館	利根郡片品村戸倉653	0278-58-7441	p102
44	旅館わかば	利根郡片品村戸倉651	0278-58-7541	p104
45	ロッジまつうら	利根郡片品村戸倉609	0278-58-7341	p106
46	ホテル玉城屋	利根郡片品村戸倉604	0278-58-7211	p108
47	温泉やど 四季亭	利根郡片品村戸倉558	0278-50-5060	p110
48	尾瀬の宿 いさ	利根郡片品村戸倉600	0278-58-7001	p112
49	マルイ旅館	利根郡片品村戸倉591-2	0278-58-7015	p114
東小川温泉				
50	おおくら荘	利根郡片品村東小川489	0278-58-2444	p116
白根温泉				
51	加羅倉館	利根郡片品村東小川4653-21	0278-58-2251	p118
座禅温泉				
52	シャレー丸沼	利根郡片品村東小川4658-58	0278-58-4300	p120
53	白根山荘	利根郡片品村東小川4658-58	0278-58-4300	p122
丸沼温泉				
54	環湖荘	利根郡片品村東小川4658-7	0278-58-2002	p124

■	老神温泉観光協会	沼田市利根町老神607-1	0278-56-3013
■	片品村観光協会	利根郡片品村鎌田3964	0278-58-3222

※住所表記については「大字」「字」を取った表記にしています。

尾瀬の里湯 老神片品 11温泉 宿一覧

老神温泉

1	紫翠亭	沼田市利根町老神550	0278-56-4180	p16
2	吟松亭あわしま	沼田市利根町老神603	0278-56-2311	p18
3	観山荘	沼田市利根町老神612	0278-56-2323	p20
4	伍楼閣	沼田市利根町老神602	0278-56-2555	p22
5	金龍園	沼田市利根町老神592	0278-56-3021	p24
6	上田屋旅館	沼田市利根町老神596	0278-56-3211	p26
7	ホテル山口屋	沼田市利根町老神585	0278-56-3333	p28
8	山楽荘	沼田市利根町老神583	0278-56-2511	p30
9	楽善荘	沼田市利根町老神598	0278-56-2521	p32
10	牧水苑	沼田市利根町老神531-1	0278-56-2632	p34
11	旅館石亭	沼田市利根町老神568	0278-56-2145	p36
12	亀鶴旅館	沼田市利根町老神575-2	0278-56-3051	p38
13	仙郷	沼田市利根町大楊2-1	0278-56-2601	p40
14	東明館	沼田市利根町大楊1519-2	0278-56-2641	p42
15	東秀館	沼田市利根町穴原1151	0278-56-3024	p44

摺渕温泉

16	わたすげのゆ	沼田市利根町平川1514-1	0278-56-3456	p46
17	山十旅館	利根郡片品村摺渕279-3	0278-58-2668	p50

幡谷温泉

18	ささの湯	利根郡片品村幡谷535	0278-58-3630	p52

花咲温泉

19	民宿ほたか	利根郡片品村花咲724-5	0278-58-2284	p54
20	ロッジ ホワイトハウス	利根郡片品村花咲367	0278-58-3940	p56
21	ロッヂ 山喜荘	根郡片品村花咲375	0278-58-3286	p58
22	くつろぎのお宿 金井	利根郡片品村花咲373	0278-58-3293	p60
23	ペンション尾瀬ほたか	利根郡片品村花咲1621	0278-58-3248	p62
24	ペンション銀河	利根郡片品村花咲2792-14	0278-58-4367	p64

鎌田温泉

25	梅田屋旅館	利根郡片品村鎌田4073	0278-58-2355	p66
26	湯の宿 畔瀬	利根郡片品村鎌田3904-1	0278-58-4330	p68

片品温泉

27	よろづや	利根郡片品村越本1162	0278-58-4628	p70
28	こしもと旅館	利根郡片品村越本542	0278-58-2330	p72
29	尾瀬山どん	利根郡片品村越本624	0278-58-2700	p74

トンネルを抜けると湯源郷であった

群馬県沼田市と栃木県日光市を結ぶ国道120号は、尾瀬・日光方面へ通じる観光ルートとして重要な幹線道路である。しかし、その途中にある椎坂《しいさか》峠は、山道特有の急カーブや急坂が続き、連続降雨量120ミリ以上になると交通止めとなり、冬季は積雪や凍結により交通の難所となっていた。

平成25年11月、この難所にトンネルが開通した。

沼田市白沢町～利根町の間を結ぶ椎坂バイパス（4・28㎞）のトンネル区間は約2・5㎞。椎坂白沢トンネルと椎坂利根トンネルの2本のトンネルが開通したことにより、飛躍的に交通の便が良くなった。35カ所もあった急カーブは4カ所に激減し、高低差もなくなった。何よりも走行距離にして3・5㎞も短縮されたため、走行時間が平常時で約10分、積雪時で約20分も短縮されたのだ。

私も長年、取材でこの道を利用していた。暗く長い峠道はそれだけで気が重く、ましてや雪道となれば二の足を踏み、取材の延期まで考えるほどだった。「トンネルが完成したら、どんなに楽になるか……」。たまにしか訪れない私でさえ、通るたびに思っていたのだから、地元の人たちにしてみれば悲願のトンネルだったに違いない。

トンネルを抜けると、国道は片品川沿いを北上する。最初に旅人を出迎えるのが老神温泉である。

かみつけの　とねの郡《こおり》の老神の　時雨ふる朝　別れゆくなり

大正11（1922）年10月末、歌人の若山牧水が訪れている。秋の片品渓谷を眺め、一泊して歌を詠み、日光へと旅立って行った。当時は切り立った崖下の川原に源泉があり、浴場も川原の中に仮屋根を設けてあるだけのひなびた湯治場だったという。昭和30年代、下流のダム建設に伴い、川岸にあった旅館は崖の上に移転。その後、国道120号が全線開通すると、観光ブームに乗って大温泉地へと変貌していった。現在、往時のにぎわいは失せたものの、渓谷の両岸に15軒の宿泊施設と1軒の日帰り入浴施設が点在している。

片品村へ入ると、幡谷《はたや》温泉、摺渕《すりぶち》温泉といった小さな温泉地が山間にひっそりとたたずんでいる。花《はな》咲《さく》温泉は日本百名山の一つ、武尊《ほたか》山のふもとに広がる高原の温泉地だ。

村の中心、街道筋に旅籠《はたご》の面影を残す鎌田温泉を過ぎると、国道は二手に分かれる。直進すれば、丸沼や菅沼、日光白根山などの風光明媚なロケーションの中、東小川温泉、白根温泉、座禅温泉、丸沼温泉をめぐり、県境を越えて日光へと至る。左折して国道401号に入り片品川を渡ると、そこは尾瀬の玄関口。スキーヤーやハイカーたちのご用達、片品温泉と尾瀬戸倉温泉が待っている。

全11湯。これが今回、私が1年間かけて取材して回った〝尾瀬の里湯〟である。

名湯あり、古湯あり、秘湯あり。はたまた民宿やペンションが立ち並ぶリゾート温泉あり。四季折々の景観とともに、個性豊かな湯めぐりの旅を楽しんだ。そして何よりも私を癒やしてくれたのは、温かく旅人をもてなしてくれる宿のご主人や女将さんたちだった。

トンネルを抜けるとそこは、夢のような〝湯源郷《とうげんきょう》〟であった。

２０１５年4月

小暮　淳

■プロフィル

小暮　淳（こぐれ　じゅん）

1958年、群馬県前橋市生まれ。フリーライター。

群馬県内の温泉地を中心に訪ね、新聞や雑誌にエッセーやコラムを執筆中。セミナーや講演活動も行っている。

カルチャースクールの温泉講座講師、テレビやラジオのコメンテーターとしても幅広く温泉の魅力を紹介している。

NPO法人『湯治乃邑（くに）』代表理事。

著書に『ぐんまの源泉一軒宿』『群馬の小さな温泉』『あなたにも教えたい四万温泉』『みなかみ18湯〔上〕』『みなかみ18湯〔下〕』『新ぐんまの源泉一軒宿』『ぐんまの里山てくてく歩き』（以上、上毛新聞社）ほか多数。

［協力］
老神温泉観光協会
老神温泉旅館組合
片品村観光協会
社団法人 群馬県温泉協会

［企画・編集］
プロジェクトK

取材・文　小暮 淳
アートディレクション・写真　桑原 一
装丁・デザイン　栗原 俊文
グラビア写真　酒井 寛

尾瀬の里湯 老神片品 11温泉

2015年5月9日　初版第一刷発行

発　行　上毛新聞社事業局出版部
〒371-8666　群馬県前橋市古市町一丁目50-21
tel 027-254-9966

※定価は裏表紙に表示してあります。

群馬の温泉シリーズ
既刊のご案内

群馬の小さな温泉

小暮　淳著

一軒宿よりは規模の大きい温泉を取り上げた。県内の魅力的な18温泉と36軒の宿を紹介。

A5判　124P　オールカラー
定価 953円＋税
ISBN978-4-86352-033-2

あなたにも教えたい四万温泉

小暮　淳著

シリーズ第3弾。四万温泉すべての37軒の宿を網羅し、それぞれの宿の個性を明快に表現。

A5判　120P　オールカラー
定価 953円＋税
ISBN978-4-86352-052-3

みなかみ18湯［上］

小暮　淳著

18湯のうち、水上温泉・猿ヶ京温泉の宿34軒を掲載。ホテルから民宿までバラエティーに富んだ宿を紹介。

A5判　104P　オールカラー
定価 953円＋税
ISBN978-4-86352-069-1

みなかみ18湯［下］

小暮　淳著

谷川温泉、湯ノ小屋温泉、上牧温泉、湯宿温泉をはじめ法師温泉、宝川温泉という魅力ある16の温泉地41軒の宿を紹介。

A5判　112P　オールカラー
定価 953円＋税
ISBN978-4-86352-087-5